2021、2022 东南大学研究生课程设计
轨道交通站点综合体空间模式研究丛书

慢行空间
轨道交通站点综合体空间模式创新研究
SLOW TRAFFIC SPACE
Research on Innovation of TOD Complex Space-model

朱渊　黄向明　叶如丹　杨柳　等著

东南大学出版社·南京

图书在版编目（CIP）数据

慢行空间：轨道交通站点综合体空间模式创新研究 /
朱渊等著 . -- 南京 ：东南大学出版社，2024.9.
ISBN 978-7-5766-1493-0

I．U239.5

中国国家版本馆 CIP 数据核字第 2024GX5210 号

慢行空间：轨道交通站点综合体空间模式创新研究
MANXING KONGJIAN: GUIDAO JIAOTONG ZHANDIAN ZONGHETI KONGJIAN MOSHI CHUANGXIN YANJIU

著　　者：朱　渊　黄向明　叶如丹　杨　柳　等
责任编辑：戴　丽　魏晓平
责任校对：子雪莲
责任印制：周荣虎
封面设计：廖若微

出版发行：东南大学出版社
社　　址：南京市四牌楼 2 号
邮　　编：210096
电　　话：025-87393330
出 版 人：白云飞
网　　址：http://www.seupress.com
电子邮箱：press@seupress.com
印　　刷：南京新世纪联盟印务有限公司
经　　销：全国各地新华书店
开　　本：889 mm×1194 mm　1/20
印　　张：11
字　　数：680 千字
版　　次：2024 年 9 月第 1 版
印　　次：2024 年 9 月第 1 次印刷
书　　号：ISBN 978-7-5766-1493-0
定　　价：98.00 元

* 版权所有，侵权必究
* 本社图书若有印装质量问题，请直接与营销部联系。电话：025-83791830

序

随着我国城市建设高质量发展的不断推进,轨道交通建设在城市综合发展中发挥了举足轻重的支撑作用。从宏观的城市交通网络建立,到中观的城市站点建设,再到城市社会和居民的健康生活,轨道交通发展在不同尺度与层级,显著影响着城市人居环境和生活出行繁荣品质。

近年来,相关轨道交通建设发展的研究与实践,在城市、建筑、社会文化等不同领域大量展开,其设计、运营、建设、管理等一系列问题,在摸索与实践中逐渐完善,并深度融入从城市设计到建设的全系统之中。全球的轨道交通建设实践,尤其是高密度亚洲城市的轨道交通发展,对中国相关领域的建设与发展有着重要的启示,需要研究梳理。

轨道交通发展是城市基础设施建设中的重要一环,也是未来城市需要空间立体复合利用的重要内容。城市基础设施的建设,在满足了城市基本需求的同时,进一步探索如何从广度与深度拓展其针对性与聚焦性的城市发展内涵,这是未来值得不断探索的开放性话题。轨道交通的发展激发了城市空间、社会、经济、信息之间的紧密关联,让人流、物流、信息流通过交通网络系统相互之间便利连通,这对人口、产业的空间转移和合理分布产生重要影响的同时,对城市形态与空间格局的形成起到了重构的作用。

本书聚焦轨道交通站点周边的慢行系统进行教学实践研究,在城市线网建设的结构下,重点探索了以下内容:一是与人的行为生活息息相关的设计话题;二是进一步精细化探索轨道交通站点站域周边城市地块使用、空间塑造和业态布局的综合问题;三是探索如何合理地利用站点周边不同距离的用地范围,进一步提升城市效能的聚焦性研究。同时本书还探讨了在实施城市更新行动背景下,如何结合已有的存量资源进行更新改造与多层级融合的规划设计。

本书内容是东南大学与天华集团校企联合课程的系列成果之一,是东南大学校企合作出版的第三本关于轨道交通站点 TOD 的论著。在轨道交通不断精细化发展的过程中,实践教学针对设计实践中的实际问题进行有针对性的教学研究,可以促进专业硕士的专题性培养,也同时促进校企之间理论与实践探索的合作并进。随着实践课程在教育中地位的逐渐凸显,本课程成为高校教育发展的特色模式之一。系列课题在轨道交通发展的主题下,拓展性地探讨核心空间、地下空间、市郊站点、慢行系统等研究专题。一方面让研究能尽快地融入实践进行检验,另一方面也可在实践中找寻更多的延伸问题,建立更多研究、实践和其他深度校企合作的平台与机会。

本书作者试图在设计课题针对基本问题和面向未来的探索中,找寻理论与实践的结合点。本书作为相关 TOD 系列实践教学的成果,包括了对全球知名站点的实地调研总结,也包括了面向未来城市轨道交通发展的思维拓展,对建筑类院校的相关教学课程设置及教学、相关轨道交通站点设计的工程实践具有重要的启示和参考价值。

中国工程院院士
东南大学建筑学院教授

前　言

随着城市化的快速推进，轨道交通凭借其能耗低、效率高、容量大、占地少等低碳特征，在全国各大城市公共交通建设中起到了举足轻重的作用。截至 2023 年 12 月 31 日，中国共有 53 个城市开通运营城市轨道交通线路 290 条，运营里程 9 584 km，车站 5 609 座。2023 年全年，中国新增城市轨道交通运营线路 21 条，新增运营里程 847 km。经历了城市轨道交通的大规模发展，城市快速公共交通系统逐渐网络化，日趋完善。

轨道交通站点的建设，在满足交通出行便利性的基础上，逐渐对城市发展与空间结构的变迁发挥重要作用。城市中心区、历史街区、居住区等不同城市区位轨道交通的发展，一方面便利了当地的居民出行，另一方面为站域周边城市地块带来了更多的人流与业态，由此对不同地区的产业发展和活力更新起到了重要作用。随着轨道交通站点的系统化建设，城市网络化的整体空间结构也逐渐产生了巨大变化。在站点及其周边城市范围的公共空间、慢行系统、混合业态、生活环境逐渐发生翻天覆地的变化的同时，城市空间也以轨道交通发展为契机，通过华丽转身回归于人民。

轨交促交融，慢行赋新能。轨道交通站域空间慢行体系，是并行于轨道交通、常规公交体系的重要交通系统，三网有效融合，多元化出行的合理建构，为城市和人民带来了更为显著的便利性，且逐渐实现绿色交通出行的重要目标。为了保证居民的"最后一公里"出行，轨道交通站域空间慢行系统的逐渐优化成为在满足交通出行刚性需求基础上的，有待进一步深入研究的问题。慢行系统的建设，从基础设施完善、城市存量更新、绿色低碳发展、城市空间活力、功能业态整合等不同的维度，加强了人们与站点之间的深度和黏性，也让以站点为核心和触媒的多核串联下线网结构的城市发展成为可能，由此逐渐培育出城市发展的活力中心与活力带。慢行空间的探索，不仅实现了城市发展在亲人尺度上的细节刻画，而且逐渐实现了城市毛细血管流动体系的扩张与发展。

本书选取上海西站作为研究对象，结合高铁与地铁之间交通衔接与空间换乘，聚焦轨道交通站点站域空间慢行系统的研究，探索带来具有触媒作用的整体发展策略。其中，站域空间的三维定义、轨道交通线网与站空间建设带来的城市更新与发展，地块与空间整合下的弹性利用、地上地下空间的一体化发展，以及绿色低碳理念下的空间创新等，均是在轨道交通慢行空间体系中围绕人的体验展开的相关城市发展中不同维度的探索。当我们看到高铁轨道割裂城市的场地现象时，进一步揭示其内在相互影响下的深度内涵和综合运作机制，成为我们在轨道交通站点站域空间慢行系统的研究与设计中逐步摸索并试图通过多层级、多模式呈现的持续目标。

慢行系统的研究与设计，一方面逐渐形成站域慢行空间的营造与优化策略，另一方面也让绿色低碳的公共交通体系在介入城市的过程中与城市不同层级与类型的空间充分融合，在实现城市效能最大化的同时，让人们的生活更加便利、舒适、健康和美好。

朱　渊

2024-01-20

目 录

序

前言

聚焦 … 001

等时效应下轨道交通站点三维影响域界定方法初探 … 002
TOD 引导下的城市演进：伦敦国王十字街区更新策略浅析 … 010
公共空间三维路径密度引导下城市中心型轨道交通站域空间地块弹性利用策略研究初探 … 018
轨道交通站域地下步行系统连通属性探究 … 028

案例 … 033

国内 TOD 调研案例 … 036
国外 TOD 调研案例 … 056

视角 … 068

HA！TOD：TOD 模式下上海西站以混杂唤醒日常的指南 … 074
黏合 … 090
城市绿谷：TOD+POD … 104
TOD 视角下的导向性设计研究 … 116
M + TOD … 132
共享 TOD … 144
TOD 村 … 158
上海西公园站 … 176
视线通廊：基于三维空间视线研究的 TOD 设计 … 190

花絮 … 207

后记 … 214

聚　焦

A Preliminary Study on the Method of Defining 3D-Influenced Realm around Rail Transit Stations under Isochrone Effect | 等时效应下轨道交通站点三维影响域界定方法初探

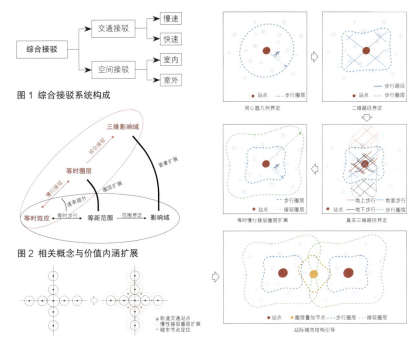

图1 综合接驳系统构成

图2 相关概念与价值内涵扩展

图4 "以点串链,以链连片"的城市结构

图3 三维影响域界定方法演进与城市结构引导

在快速城镇化和都市圈发展过程中,我国轨道交通建设正处于高速发展期。轨道交通站点建设如何在城市空间精细化的高质量发展中,推动站点周边以人为核心、高质高效复合发展[1],体现其优化城市空间结构、提升空间品质和价值整合的巨大驱动力,是在大量站点建设中仍需进一步研究和探索的课题。

作为进一步影响城市发展的重要节点之一,轨道交通站点影响域的界定成为站点系列问题研究的基础[2],除了传统等距圈层界定方法,还可利用地理信息系统、微观仿真、交通数据等数字化手段对这一问题进行不断的发展与完善。整体看来,二维空间的圈层界定已很难精确模拟人的真实行为路径和活力可达范围,缺乏地上地下三维空间对周边地块的精细化引导。

从轨道交通站点影响域①[3] 传统的二维定义,到"时—空"影响下的三维建构,将在原等距圈层界定的基础上,通过真实三维路径下等时圈层的进一步界定,对其关联要素进行精细化整合,并对其发展目标、复合模式及系统优化等问题进行进一步拓展,以充分挖掘该地区的系统潜力,从而带来站点周边城市综合价值的提升。

基于此,本文在三维影响域概念界定的基础上,以综合接驳②和等时效应为依据,依托城市网络分析(urban network analysis, UNA)③ 进行量化模拟,初步探讨其定义路径与方法。

1. 综合接驳下三维影响域的界定与意义

随着交通工具、出行方式和空间引导等层面的不断更新发展,以慢行优化为目标的接驳体系的提升,使得站点与周边进行综合接驳的效率不断增强(图1)。综合接驳主要指在交通与空间接驳的基础上,通过多元的慢行方式,与站点周边的地下、地面和地上(二层及以上)公共空间进行充分整合。其中,交通接驳包括对于慢行区中"慢速"和"快速"交通的有序组织(表1),三维影响域的范围可视为在交通接驳的等时范围内,不同时间圈层范围中城市公共空间(包含室外公共空间及与三维慢行系统紧密衔接的可进入、可参与的室内公共空间)的范围。该范围的确定将使站点与周边城市空间进行互动的主动性有效激增,形成功能布局、土地价值、空间品质等特性的整体提升,并在三维动态演进中,形成可以被进一步几何定义的重要领域。相比传统的等距圈层划定,等时划定的方式具有更为精细而准确的定义与引导特性。

三维影响域的界定,重点强化了由站点向外进行空间与功能拓展的路径精确引导。基于等时路径圈层叠合的城市结构,建构更为多元、动态和网络化的综合接驳系统,起到整合远程零散资源、提升站点辐射能级、引导城市节点定位、带动多中心圈层城市结构演进的作用(图2、图3)。通过对后期的设计管控进行有效引导,逐步形成"以点串链,以链连片"的城市结构切片(图4),进而影响城市形态、空间价值的定义与发展。

003

表1 交通接驳系统的类别、速度和特性

交通接驳类型		速度	特点	代表案例
慢速交通	步行	60~100 m/min	最为基础的交通方式，可与城市空间和功能发生密切关联，但行走距离受体力限制	
	自动步行体系 自动扶梯	30~45 m/min	机械化辅助进行竖向大运量移动，大幅节省攀爬体力，出现在较高人流密度或价值的空间	日本涩谷站城市核空间
	自动步行体系 自动人行道		通常用以抵御长距离的消极空间环境，较难与城市空间功能整合	日本横滨樱木町站至横滨标志塔沿线
	自动步行体系 垂直电梯	90~120 m/min	在建筑中进行运量有限的竖向传送，通常有较为明确的目的性，在高层建筑中作用明显	
	自行车 私人自行车	150~350 m/min	非日常出行使用不便，难以远程携带	丹麦哥本哈根
	自行车 共享单车		使用方便，价格相对合理，停靠点视城市管理政策不同	中国各大城市
	自行车 城市公共自行车		作为城市运营资产，有特定停靠点	
	自行车 电动自行车		介于慢行与机动交通之间，各地管理政策不一	
快速交通	接驳公共交通 轻轨	80 km/h	有固定轨道，是次一级的轨道交通	新加坡榜鹅新镇
	接驳公共交通 BRT	40~65 km/h	介于轨道交通与常规公交之间，也在某些城市作为轨道交通的替代方案	巴西库里蒂巴
	接驳公共交通 常规交通	30~45 km/h	通常有固定线路和站点，价格相对合理	
	机动化交通 出租车/网约车	30~70 km/h	舒适性高，价格相对较高	
	机动化交通 私家车		舒适性高，但成本较高，对城市环境压力大	

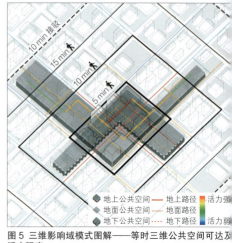

图5 三维影响域模式图解——等时三维公共空间可达及活力强度

图6 三维影响域界定在不同设计阶段的应用

因此，本文以综合接驳（交通+空间接驳）和等时效应（5—10—15 min）的认知为基础，基于多种慢行交通方式（步行、自动步行、自行车等）合理组织下的距离测算，进行"三维影响域"的界定，即从出付费区站点闸机起[4]，相同时间内地上地下综合模拟可达城市公共空间的范围。三维影响域的定义，一方面包括对不同等时圈层范围的定义，另一方面也体现了对于影响域范围内慢行体系活力强弱的引导（图5）。

相比传统认知的"200—500—800 m"[5]影响域定义下的城市地块空间而言，"5—10—15 min"等时圈层下的"三维影响域"将一定程度增加等时慢行的辐射范围，并在不同设计阶段提供对于场地认知、圈层优化和评估拓展的依据（图6），进一步引导提升站体城市公共空间慢行衔接的便捷性、舒适性与界面活力，从而一定程度减少远程机动交通需求。原本认为的远离站点的低价值空间，将在多级慢行圈层叠加整合下逐渐增强其空间价值与活力，从而在站点周边形成多维圈层复合关联的城市结构。

2. 等时效应下的"弹性"界定机制

相比等距圈层界定机制，综合接驳和等时效应下的三维影响域界定容纳了更多"弹性"空间范围，即在"等时"原则的基础上，结合可以被延伸的活力空间距离，以及可拓展的慢行接驳方式，建构多时间圈层（5—10—15 min）复合叠加的"时—空"发展模式，为城市的公共空间、功能配比以及基础设施布点等提供精准而多样的依据，并为未来的空间特性变化预留弹性，以充分应对城市发展的开放性和不确定性。

通过真实三维路径模拟的圈层界定，本文提供了慢行可达范围扩展的精确性与冗余度，即对等时范围延展进行区域划定的精确性和等时不等距（不同接驳速度带来等时可达范围的重新界定）的"弹性"连接空间的冗余度。通过出站到站点周多目标点的三维整合，形成具有多路径选择的行为模式，从而引导"弹性"等时圈层的建立。

具体而言，"弹性"圈层区间的产生受周边地形、地下空间属性、土地权属、功能布局、地块划分以及接驳点位设置等多种要素影响，这些要素决定了等时路径选择的多样性，并会直接影响地块间的接驳效率，对路径选择产生影响，从而在一定程度上缩减或增加等时可达范围。由此，在步行可达范围与不同交通工具等时慢行接驳可达范围之间，形成具有"弹性"的圈层区间（图7）。在具有多路径选择的行为模式下，步行、骑行等慢行接驳行为的结合，在一定程度上取得了效率与体验的平衡。

可见，基于综合接驳和等时效应建立的三维影响域界定的特性机制，建立了点对点的等时多路径空间系统，由此形成的弹性圈层区间具有

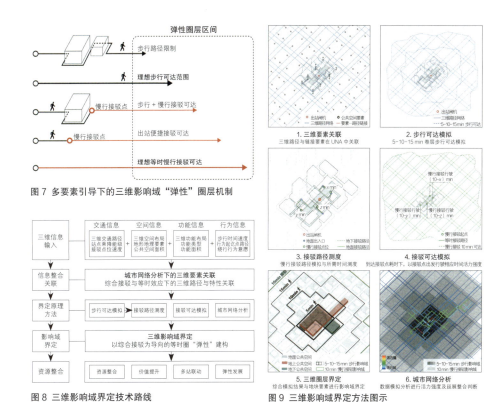

图7 多要素引导下的三维影响域"弹性"圈层机制

图8 三维影响域界定技术路线

图9 三维影响域界定方法图示

以下特点:(1)综合接驳下等时路径的差异带来了等时接驳空间范围的冗余性,由此形成层级化均好发展的空间圈层;(2)综合接驳方式选择下的路径多样性,同时带动了街道与建筑中公共空间界面的活力提升,也与城市地块和空间形态形成互动;(3)站点核心圈层向外延伸的活力圈层有效提升了多站点之间的交互联动潜力。

3. 城市网络分析下的三维影响域界定方法

本文依托城市网络分析,以起点、三维路径网络和终点为分析单元,将途经公共空间、建筑功能等要素以一定的权重规则与三维路径网络进行链接,并以此进行系列指标分析。在地图导航和大众点评等信息化技术对人的行为模式逐步产生更大影响时,UNA 的要素关联和网络评价的机制与方法使三维路径分析更为真实而灵活,从而可更好地响应行为模式的转变。此外,UNA 的三维运算更为轻便,能够为设计实践工作提供高效支撑。

对接综合接驳与等时效应下的三维要素关联需求与"弹性"机制,其分析指标主要有服务范围(service area)、冗余路径(redundant paths)、中间性(betweenness)等。其中,服务范围可对等时可达范围进行呈现;人们前往终点时具有多路径选择是建成环境品质的体现[3],冗余路径即是在一定的绕行比例(detour ratio)下对于多路径选择的模拟,并可与慢行接驳行为进行对接;中间性是基于这样的假设提出的,即如果一个点(或边)被网络中任意其他两个点(或边)的最短联系路径经过的次数越多,表明其越"中心"[4]。城市网络分析对其加入搜索半径的限制和目标点权重的影响,可以作为人流量预测的依据,这也成为"三维影响域"活力强度表达的依据。

基于上述工具优势与分析原理,本文进一步提出城市网络分析下的"三维要素关联—步行可达模拟—接驳路径测度—接驳可达模拟—三维圈层界定—城市网络分析"的界定方法(图8、图9):

(1)三维要素关联:以行为为基础,进行三维交通、空间等要素关联,并以一定的权重规则将各要素与路径网络进行链接,构建包含多样信息的分析网络基础;

(2)步行可达模拟:以出付费区闸机为界定起点,基于真实三维步行路径进行等时步行可达范围模拟;

(3)接驳路径测度:基于慢行接驳点位配置进行接驳路径模拟与时间距离的基本信息测度,为其点位优化和路径营造提供依据;

(4)接驳可达模拟:在到达慢行接驳点所需时间的基础上,以慢行接驳速率进行等时可达模拟;

(5)三维圈层界定:综合模拟分析结果与影响因素进行三维可达公共空间界定,图示化呈现站点三维影响域;

(6)城市网络分析:基于圈层界定,进行中间性、冗余路径等指标分析,辅助进行空间活力强度及延展整合的判定。

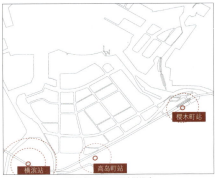
1979年：MM21计划推出

1980年代：横滨博览会，空中自动步道建成

1990年代：地标大厦和皇后广场开业

2000年至今：港未来线开通及持续建设

图10 MM21地区城市开发历程

图11 MM21地区总平面图及系统规划管控

图12 MM21地区交通接驳网络建设

4. 案例解析：横滨MM21地区

1950年代伊始，东京都市圈计划对东京进行功能疏解，推行多中心城市结构，横滨成为最大受益城市之一。MM21地区原为横滨港工业用地，经过数十年发展建设（图10），依托樱木町站、港未来站、横滨站等站点，已成为日本城市产业更新建设与公交导向型发展（transit oriented development, TOD）结合的范例，并逐步围绕各站点进行了长达数千米的室内外三维步行系统建设，与渡轮、公交车、自行车和电动自行车等组成的交通接驳网络进行衔接（图11、图12）。

本研究聚焦于港未来站与樱木町站之间的三维城市空间体系，进一步说明三维影响域模型的建立。首先，在三维要素关联中，相关同年数据表明港未来站和樱木町站日均乘降人数分别为82 391人和37 311人[6]，以此作为站点权重赋值依据。基于此，步行可达的模拟是以两站出站闸机为起点，与地上地下公共步行网络衔接，并将与站点紧密衔接的公共建筑室内步行网络进行整合，形成室内外三维步行网络，途经公共空间功能等要素以面积为权重与三维网络进行链接，构成模拟分析的网络基础。其中，港未来站为地下站点，站厅位于负三层，出站闸机位于负三和负二层；樱木町站为高架车站，站厅和出站闸机均位于地面层。

基于三维路径网络的建立，进行"5—10—15 min"步行可达范围模拟（图13），并根据地块空间权属等要素进行步行影响域界定，可见：港未来站5 min步行覆盖皇后广场等站点核心区域；港未来站10 min步行可达横滨国际会展中心，而樱木町站出站人流则经由空中自动步道高效传送，两站点10 min可达范围在地标大厦处叠加；两站点步行15 min影响域已基本实现互联（图14）。

其中，地标大厦恰为两站之间的核心位置开发强度最高的建筑。可见我们通常认为的强度最大的站点核心区，在多站联动的三维影响域建立中，实际可延展至中间节点。

在此基础上进行立体公共空间可达及城市网络分析要素的叠加（图15），可见两站点的中间路径上汇集了大量立体公共空间及人流活力，该区域是可以进行三维影响域延展整合的重点区域。聚焦于此，通过路径量化检索可知两站点间的最短路径为870 m，以绕行系数1.1进行两站联动的冗余路径模拟，其主要步行路径选择也与高人流量区间具有高度一致性（图16）。两站点在此区域依托三维步行网络，通过大量自动化步行设施、商业中庭、集会广场与公共艺术等室内外三维交通与公共空间的整合，沿主要路径布置了商业、办公、文化、公共服务等多样化公共功能，以完善的"交通—空间—功能—特色"

 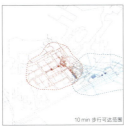 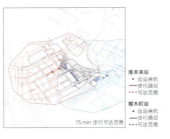

图13 两站点5-10-15 min三维步行可达范围模拟

图14 两站点5-10-15 min步行三维影响域界定

图15 步行三维影响域内公共空间可达及活力强度分析

综合接驳，创造了舒适的长距离步行体验。其中港未来站的车站核空间与樱木町站的空中自动步道均起到了显著的引流作用，地标大厦下围绕中庭的三维步行空间则起到了疏解人流的作用，而室外滨海公共空间同样具有较高的吸引力（图17、图18）。

结合主要步行轴线，该地区设置了可供大量私人自行车和电动自行车接驳的停车点，即主要的慢行接驳点位，此外还配备了可容纳少量市政港湾自行车的固定接驳点。通过接驳路径模拟及距离时间测度，可计算出港未来站的主要自行车及电动自行车接驳点位于出站5~10 min步行范围内。这段接驳路径的模拟在等时三维影响域界定中会花费可见的一段时间，不同于以站点为起点直接进行接驳速度下的等时可达范围模拟。此外，主要接驳点的设置在考虑对站点接驳便捷性的同时，也要兼顾对主要步行轴线和滨海景观的接驳。樱木町站的主要自行车接驳点位于出站步行6 min处，兼顾对MM21地区及周边居民区的接驳（图19）。

在接驳时间测度基础上，考虑到港湾自行车的数量较少，且停泊点位固定，故以容量较大的3处自行车与电动自行车接驳点为起点，基于地面骑行网络，进行等时骑行影响域界定，并与步行影响域叠加（图20），形成

复合多维的等时圈层并置，可见综合接驳下的两站点15 min影响域已基本覆盖MM21地区，多圈层叠加的主要区域也依然位于强度最高的地标大厦，集中体现了综合接驳下的等时价值扩展与引导意义（图21）。

5. 结语

在存量城市更新与精细化设计背景下，轨道交通站点"三维影响域"的概念提出与界定，旨在基于综合接驳与等时效应的视角，对站域空间活力圈层范围进行精细化定义。这是对交通、空间、功能和行为之间关联系统的重构与提升；是基于人的行为差异性，对多维价值城市空间系统的建构；是基于慢行路径的真实性与可选择性分析，对人的真实体验与空间感知的模拟探究。

在此基础上形成的站点周边高效系统化的城市发展模式，将从不同维度重新思考城市活力范围和地块价值潜力。基于三维影响域"弹性"空间研究形成的多维圈层叠合区，为圈层整合下的城市空间结构演进和地块综合价值判定带来有效依据，从而更为精确地引导城市要素的整合布局和相关管控机制的建立，由此在站点周边形成三维协同的城市空间发展机制。

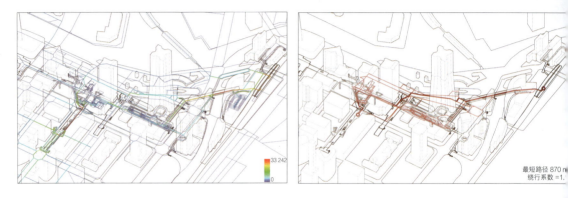

图 16 樱木町站—港未来站沿线人流量模拟与多路径选择模拟

图 17 樱木町站—港未来站沿线空间与功能布局

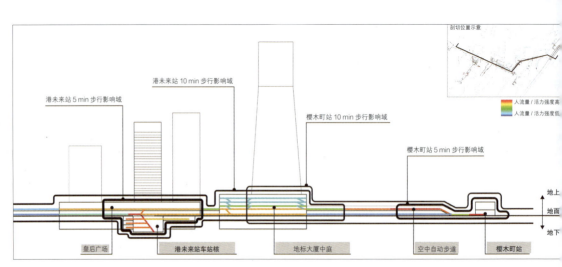

图 18 樱木町站—港未来站沿线剖面圈层关系与活力强度

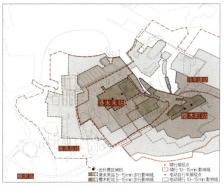
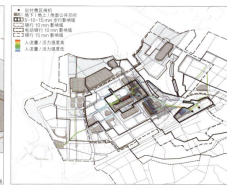

图 19 自行车接驳路径模拟与时间测度　　图 20 多交通等时圈层界定叠加　　图 21 综合接驳与等时效应下的三维影响域界定

参考文献

1] 国务院. 国务院关于深入推进新型城镇化建设的若干意见 [Z]. 北京：国务院，2016.
2] 褚冬竹，魏书祥. 轨道交通站点影响域的界定与应用：兼议城市设计发展及其空间基础 [J]. 建筑学报，2017(2)：16-21.
3] 赛文随克. 城市网络分析：城市中步行和骑行交通模拟工具 [M]. 陈永辉，译. 天津：天津大学出版社，2019.
4] 陈晓东. 基于中间性 (Betweenness) 的城市街道网络研究综述 [C]// 中国城市规划学会. 规划 60 年：成就与挑战：2016 中国城市规划年会论文集. 北京：中国建筑工业出版社，2016.

注释

① 站点影响辐射范围的类似概念有站域 (station area)、步行可达范围 (pedestrian catchment area) 等，影响域的概念由褚冬竹等人进一步梳理。
② 综合接驳指站点接驳过程中交通行为与非交通行为的集合，本文结合三维影响域的定义，进行一定的拓展研究。
③ 城市网络分析是由麻省理工学院城市形态实验室 (City Form Lab) 开发的开源分析工具。
④ 随着非付费区与城市功能逐步紧密整合，出闸机即进入城市公共空间的趋势越来越明显。因此，本文认为以出付费区闸机而非出入口作为界定起点更具合理性。
⑤ 这一数值选用是基于等时步行可达范围的主要共识之一，也对接实践中通常采用的 200 m 核心区界定和 500~800 m 影响区界定。
⑥ 来自维基百科 2016 年共同数据 (https://zh.m.wikipedia.org/zh-hans/%E6%AB%BB%E6%9C%A8%E7%94%BA%E7%AB%99)。

图片来源

图 11、图 12：Minato Mirai 21 promotion division: Information 2020: Vol.91 [R/OL].(2020-04-13)[2021-12-15]. https://www.ymm21.jp/upload/Information%20Vol91_WEB_E.pdf.
图 14：作者绘制，引出照片源自谷歌街景。
其余图片均为作者绘制或拍摄。

朱　渊　王　浩

本文曾在《建筑学报》2022 年第 10 期发表。朱渊，王浩. 等时效应下轨道交通站点三维影响域界定方法初探 [J]. 建筑学报，2022 (10)：80-85.

TOD-Led Urban Evolution: An Analysis of the Renewal Strategy of London King's Cross | TOD 引导下的城市演进：伦敦国王十字街区更新策略浅析

图1 1852年的国王十字火车站

图2 诺曼·福斯特设计的LRC计划方案（1990年7月版）

当城市发展由"增量开发"向"存量提升"转变，城市空间更加注重精细化品质需求和综合价值增长。其中，轨道交通的大规模建设让我们进一步思考公交导向型发展（transit oriented develpment, TOD）的发展对存量提升与增量发展的双重作用。TOD引导下的城市渐进式发展，通过结合轨道线网与站点建设进行的城市修补、资源重整、价值提升与生活重构，使得城市更新的内涵得到了进一步的拓展。随着功能补充、交通优化、空间重塑、历史延续以及文化彰显等具体内容的充分体现，TOD的发展不断深度融入城市的发展脉络，成为重要的城市切片与影响要素。

针对伦敦国王十字街区，众多学者从工业遗产保护更新中面临的问题与机遇[1]，英国"站城一体化"发展的城市意义[2]，以及国王十字中心区的规划对社区人文、物质、经济环境的改善和调和[3]等不同角度，进行了分析研究，为国内的TOD地区发展提供了积极的启示。本文以伦敦国王十字街区的发展为例，梳理该站点在城市的更新与发展中的历程与特点，尝试以演进的视角，从资源重整、空间触媒、慢行价值、复合业态与利益协调等层面具体阐述TOD周边地区的发展在城市更新中的作用。

1. 城市蜕变：国王十字火车站的更新历程

（1）城市动力——交通功能发展

早在1769年，国王十字火车站地区还是一片空地。19世纪初，随着1820年摄政运河的建成，伦敦与英格兰中北部大型工业城市建立了联系，国王十字火车站地区则成为伦敦重要的货物运输交通枢纽。19世纪中叶国王十字火车站落成（图1），此后该地区成为英国重要的工业中心之一，大量的铁路工人和其他工业劳工住在周围品质较低的房舍中。到了20世纪，随着公路运输逐渐取代铁路运输，国王十字火车站逐渐衰落，而战后的英国经济结构转型导致大量工厂接连倒闭，本区内的失业人口也迅速增长，随之该地区犯罪率高、居住环境差等问题凸显。至此，该地区从繁忙的货运枢纽和工业中心转变为失落的工业棕地。

（2）最初的更新尝试——开发商主导的商业化更新

1980年代，伦敦的房地产和金融市场前景大好，加之前身为工业重地的金丝雀码头成功转型为伦敦新金融区，引得越来越多的资金投入，同时市中心与日俱增的办公需求，使得国王十字中心区域成为开发商眼中最富潜力的区块之一。

1987年，英国铁路公司（British Rail, BR）应政府的要求以私营部门的角色开始了对国王十字街区进行再开发的计划，并邀请4家房地产开发商进行投标，最后诺曼·福斯特主持规划设计的伦敦城市更新联盟（London Regeneration Consortium, LRC）[1]计划方案（图2）获得了胜利[4]。该方案提出主要以办公楼开发进行投资的计划虽然符合英国铁路公司的商业利益最大化的追求，却遭到了国王十字火车站土地团体（King's Cross Railway Lands Group, KXRLG）[2]的反对，他们希望国王十字火车站地区成为舒适的家园而不是第二个如金丝雀码头一般的"企业殖民地"。后来表明，写字楼的过度开发最终导致了该地区的房地产贬值，最初由私人开发商主导的商业化的更新尝试以失败告终[5]。

图 3 伦敦国王十字街区开发时序图

表 1 伦敦国王十字街区阶段更新内容

时间阶段	更新内容	新建内容	面积/m²	交通	人数	备注
2001—2008	1.圣潘克拉斯国际火车站 2.卡姆利街自然公园	海峡隧道连接铁路		一条国际高铁线路（欧洲之星）		表中序号对应图3标注
2009—2015	3.国王十字火车站 4.大北方酒店 5.斯坦利大厦 6.谷仓建筑群 7.储气罐钢框架 8.储气罐公园	9.刘易斯·丘比特公园 10.潘克拉斯广场 11.新建零售娱乐 12.新建公寓	27.0万	两条国家铁路干线 6条地铁线路	30 000	
2016—2020	13.卸煤厂 14.鱼煤大厦	15.北区住宅公寓组团 16.刘易斯·丘比特广场 17.谷歌总部办公（计划推迟）	74.3万		50 000	

（3）更新的第二次转型——政府、开发商与公众的博弈

1996年，英法海峡隧道开通，紧邻国王十字火车站的圣潘克拉斯国际火车站被确定为欧洲之星列车的终点站。2001年，伦敦欧陆铁路公司（London and Continental Railways, LCR）被选中重修圣潘克拉斯国际火车站以及铁路基础设施，同时负责欧洲之星列车在英国的运营，然而仅凭伦敦欧陆铁路公司无法负担巨额的再开发建设投资，当地政府给予了沿线土地的开发权作为土地补助的方式，并共同针对国王十字区建立了7年复兴计划。

在这一阶段，不同权利主体注重的利益也不同，因此呈现出多方博弈的现象，国王十字保护区咨询委员会（King's Cross Conservation Area Advisory Committee, KXCAAC）致力于历史建筑保护，卡利铁路集团（Cally Rail Group, CGR）注重地块内的居住社区，等等，但多方在通过改善生活环境来重建地方活力方面达成了共识。

（4）成熟的更新规划——以城市公共利益为导向的联合开发

之前的再开发活动并未涉及国王十字火车站南侧区域，直到2008年，国王十字中央有限公司（King's Cross Central Limited Partnership, KCCLP）③作为国王十字火车站地区的开发主体，拿到了区域全部土地的开发权，并提出国王十字中心区规划方案。在规划草案中，各方将城市公共利益作为共同导向，计划将整片地区40%的面积用于开放空间，以期实现吸引更多的人在此处学习和工作的愿景。在长达12年的再开发进程中，该地区更新主要分为两个阶段（图3）。到2015年，国王十字火车站改造完工并在地下空间部分与圣潘克拉斯国际火车站接通，且规划中的公共活动空间已经完成85%左右。到2020年，计划完成30座新建筑、20座翻新历史建筑、2 000户住宅、20条新街道、10座新公园广场、约10万 m²绿植环绕的公共空间、27.9万 m²的办公空间、4.6万 m²的零售与休闲场所（表1）。

2. 资源重整：城市的遗产修补与更新

尽管政府提出"最大密度，商业利益最大化"的开发目标，但国王十字中央有限公司意识到大量的高层建筑不是达到目标的唯一手段，因此转而通过重整特色的历史建筑资源、提供高质量城市环境的方法来解决高密度的问题，通过修复和织补的方法更新城市物质空间。

（1）工业遗产的活化利用

从伦敦国王十字区域的发展中可以看出该区域的建成经历了多个阶段，从最初的货运枢纽到重要的工业中心，再到大型货物集散地，最后变成了城市棕地。整体区域长期以来并未经过完整的构思和规划，因此遗留下来的历史工业建筑多呈零散分布的状态（图4），正是这些历史遗产见证了地区的发展史。

对于整个区域来说，一方面，国王十字火车站和圣潘克拉斯国际火车站的更新重启使得该地区成为英国最大的交通换乘站，每年乘客数量高达5 700万人次，为地块内带来了大量人流，热闹的氛围也影响了人们对街区的感受；另一方面，原用于小麦囤积的谷仓建筑群经改造成了文化教育空间，卸煤厂经改造成了展示伦敦顶级时尚的商业中心，而用储气罐钢框架改造成的现代公寓则成为整个区域内最有特色的住宅项目，这些历史建筑置于场地中，就像人体的穴位，通过针灸式的

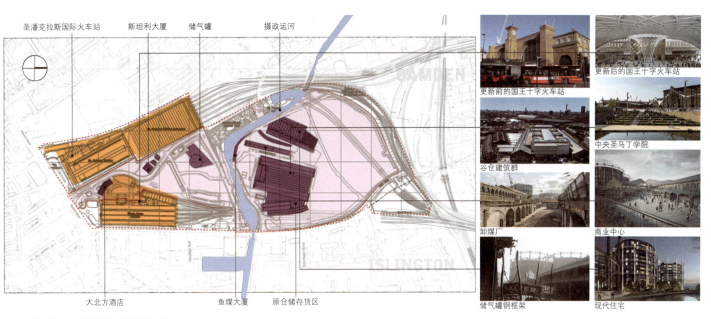

图4 伦敦国王十字街区历史遗产资源分布

修补被激活成为新的物质空间。

（2）业态引导下的街区更新

该区域并没有直接以吸引某些特定企业进驻为目的展开更新活动，而是依托场地内的历史资源，通过营造独特活跃的街区氛围吸引多样化的业态。

例如，中央圣马丁学院作为国王十字街区的首批业主之一，选择基地北部的谷仓历史建筑进行改造，在建筑内设置长110 m、宽12 m、高20 m的中央走道（图5），并由半透明的屋顶覆盖，在两旁布置富有文化创意且形态各异的工作室和单间，重新定义出一种新型的文化街区，而非大面积单一的金融区。在奠定了具有创意与活力的街区基调之后，该区域便吸引了大量像谷歌、脸书等强调创意形象且喜欢艺术与开放氛围的企业入驻（图6），成功带动了区域内丰富的商业与办公业态。

国王十字中央有限公司在项目开发初期就有着长远的计划，其开发项目即使有一些用于遗产修复和基础设施建设的投入会超出预算许多，但长远来看可以让土地所有者受益更多。由此可见，国王十字街区通过对城市遗产资源的更新与整合，以点带面形成完整的空间脉络，从而带动更多的业态，焕发出新的活力。

3. 空间触媒：从站点空间到城市空间

一方面，作为伦敦重要的交通枢纽区域，国王十字街区的更新规划结合交通基础设施更新，建立多站点之间的联系，并通过改善区域功能配置，为火车站提供更完善的配套服务，提升作为交通枢纽附属地块的价值，加快人员流动；另一方面，整个地块通过空间触媒效应织补城市肌理，加强与周边区域在功能业态以及交通等方面的联系，推动整个区域的复兴、整顿和重组。

（1）站点空间的触媒效应

在运河以南的地块内，圣潘克拉斯国际火车站与国王十字火车站以及地铁站联结成一个综合交通枢纽之后，就像一个锚点空间置于场地之中，将会对周边的功能业态、交通组织等产生一系列的影响。

虽然国王十字火车站本体的更新过程中最引人注目的是南立面的修复工作与西大厅的新建，但地下空间的重整对于周边城市空间的联动起到了同等的重要作用。新建的西侧大厅位于伦敦地铁北售票大厅的上方，在作为国王十字街区重要的建筑门户的同时，也在地下建立起与圣潘克拉斯国际火车站的联系（图7），并延伸至周边其他地块（图8）。站点周边500 m范围区域内外业态活力相较2014年有了明显提升，包括圣潘克拉斯国际火车站内也新增了大量的零售和商业业态，成功带动了周边区域的发展。

同时，南区作为大量人流进入街区的初始位置，引发了规划时南北两个区域人流的疏解问题，站点周边地区也成为设置办公楼提升商业价值的最佳选择。

（2）城市空间的织补作用

在宏观层面，区域整体更新前期就更多地考虑了场地和周边区域的关

图5 中央圣马丁学院中央走廊

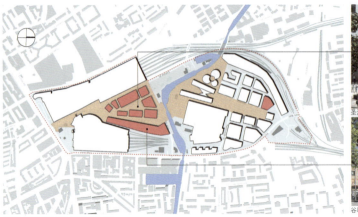
图6 谷歌等办公业态分布图

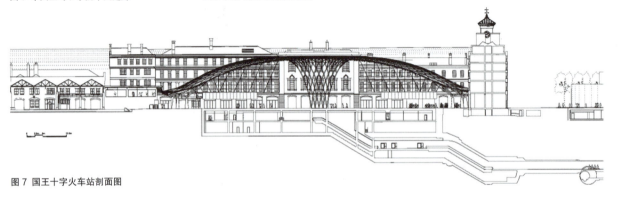
图7 国王十字火车站剖面图

系。该地块的东西向道路原本受阻,南北向的路线也不利于人流的疏解,在具体设计中便首先结合公共空间节点的设计打通南北向道路,并在尊重原肌理的基础上增加3条东西向道路,加强东西两区的联系。总体来说,该地块通过完善的交通体系织补起了周边社区、北面工业用地以及南侧比较集中的零售商业用地(图9)。

在功能业态方面,功能的混合不仅是对周边区域的功能修补,也促进了周边既有社区间的融合交流,对于稳定国王十字街区社区的多元人群起到了积极作用,也为类似的轨道交通中心周边地块的更新提供了思路。总体来说,国王十字街区的规划更新通过道路疏通以及功能修补,以空间触媒的方法激活了周边区域。

4. 慢行价值:圈层拓展下的系统整合

(1)慢行体系连接

在交通流组织方面,考虑到地块内主要目标人群为大量的游客和住户,国王十字街区中慢行体系主要以人性尺度上可步行的线性空间为主,并在不同层级的步道两侧设置商业区域形成活跃的休闲空间,其目的在于为周边住宅区域人群提供更多活动空间,同时满足人员流动的双重原则的需要。

通过2014年与2020年之间的对比(图10)可以看出,更新后的慢行体系在丰富人们800 m范围内通行路径的同时,更扩展了轨道交通站点的影响域圈层,能够辐射到区域向北更远的距离,建立起北区社区公寓等业态组团与南区交通枢纽的联系。

同时,慢行体系延伸到的区域兴趣点(point of interest, POI)[4]大幅度提升,特别是在国王十字街区的北区更为明显。这表明慢行体系扩展带来了场地内活力价值的提升,地块内部与外部的连通性也带动了周边区域的城市复兴。

(2)区域交通结构

国王十字火车站区域的交通结构主要以水平向的方式展开,通过室外广场整合站房与公交系统、地铁出入口等的连接,形成从住户、功能单位衔接入城市原有通道,再连入站房的体系。这样的交通空间融入市民的日常生活,人们可以在车站周边区域散步、休憩,充分利用道路周围的商业[6]。

在整个慢行体系的更新中,结合贯穿南北的路径主要人性化地设置了10个不同尺度的公共空间,与场地内的自然景观和工业遗产等资源进行整合设计形成由水系、草坪、文化广场以及口袋公园等组成的多层次的公共空间体系(图11)。公共空间节点作为慢行体系的重要架构,在距离站点200~1 000 m的范围内均可到达。

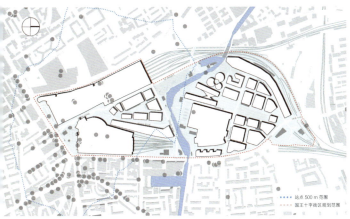

图8 国王十字街区站点触媒及地下空间示意图（左2014年，右2020年）

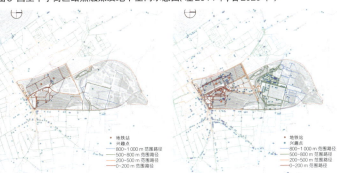

图9 国王十字街区城市空间织补示意图

图10 国王十字街区慢行体系对比示意图（左2014年，右2020年）

南区的公共空间由较多的人工景观与建筑围合，与办公区的特点和空间氛围相适应，中部服务于教学区的公共空间巧妙地结合地形建立起与摄政运河的联系；而北面位于住宅公寓区的公共空间多以草坪和铺地的方式为居民提供更多的休闲活动空间。整个区域内的公共空间依据不同的功能区域采取不同的设计策略，充分服务了多元化的人群，这也表现出整个区域推崇慢行价值的规划逻辑，建立起涵盖文化、娱乐、商业等功能领域的慢行体系空间框架。

5. 复合业态：活力激增

（1）全面混合的开发战略

1996年，大伦敦政府在编制的《机遇增长区域和强化开发地区规划框架》中提出国王十字街区作为五个"中心城区边缘机遇区"之一的六条发展路径，其中就包含土地用途应容纳的多样性，即全面混合的开发战略。

在国王十字街区中心区的设计中，对于功能的更新，南区为原有的车站功能以及配套的公共服务功能，中部以办公和教育为主，北区以住宅为主，并设置贯穿南北的主要娱乐区域。但放眼整个国王十字街区，会发现规划思路更强调多功能的融合，例如尽管北区上层使用空间主要是办公区或住宅区，但首层依然是由商业占据了大量空间（图12），这样更有助于根据各个公共区块的定位，服务于全体人群。

（2）活力激增

在2015—2020年的更新进程中，办公空间面积在民间组织的坚持下有所下调，同时增加了福利住宅的面积，另外，休闲娱乐等开放空间面积显著增加，占到总用地面积的40%（表2）。开放空间与慢行体系的规划通过场所感的营造带动了区域活力，并吸引丰富多元的业态（图13），使人们可以随时感受到街区热闹的氛围，满足国王十字街区多元人群的使用需求。

复合业态不仅成功带动了区域内部活力，更对周边区域的功能修补起到积极作用。这有利于周边既有社区间的融合交流，也为类似的轨道交通中心周边地块的更新提供思路。

6. 利益协调：渐进式的发展

从英国铁路公司主导的商业化模式更新，到伦敦欧陆铁路公司对圣潘克拉斯国际火车站修复及重启的建设工作，再到由国王十字中央有限公司主导的国王十字街区中心区完整规划方案的出现，在整个长达40年的过程中，无论区域的定位权衡、功能配置、开发强度以及历史保护方案，都在各利益主体的博弈与妥协中经历了多次的转变与调整。

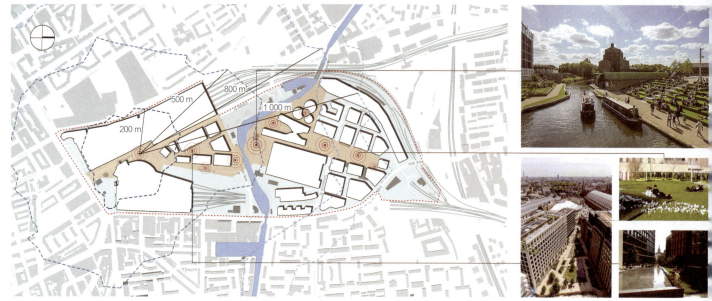

图11 国王十字街区公共空间节点分析图

（1）双方的博弈

在规划初期，政府及开发商与公众对于国王十字街区的定位问题就未能达成共识。政府和开发商更希望该地区成为优质的商业办公中心，而本地居民则更多地期许在都市更新之后该地区成为舒适的家园，因此产生了在区域功能配置以及开发强度上的矛盾冲突。

此时，民间成立的反对团体国王十字火车站土地团体提出重视当地发展计划、尊重当地历史和生态环境以及降低办公楼开发量同时提高可负担住房中廉租房比例的方案。该方案将写字楼的开发量由伦敦城市更新联盟提出的 544 858 m^2 下降到 180 000 m^2，而将福利住宅的开发量从 50 321 m^2 提高到 130 000 m^2 [1]，同时还有国王十字保护区咨询委员会也勇敢发声，致力于保护街区内有特色的历史建筑。

（2）妥协与共识

在规划初期，不同利益主体之间的僵持状态一直持续到1992年，虽然最终出于收支平衡的考虑还是决定开发大量办公楼以弥补基础设施建设的投资，但在民间组织的努力下，廉租房比例得以上调，且场地内大量珍贵的历史资源得到了保留。

由此可见，在以城市公共利益为导向的开发目标指引下，民间团体对国王十字街区规划的成功起到了不可忽视的作用。无论国王十字火车站土地团体还是 国王十字保护区咨询委员会，虽然无法阻止和改变后来房产开发商阿金特（Argent）的区域总体规划，但他们的尝试和介入让政府部门和开发商重视起区域的历史以及居民真实的生活感受，避免了一定程度的绅士化问题，使得国王十字街区不至于成为一个全然陌生的企业殖民地。

7. 结语

从伦敦国王十字街区的更新与蜕变不难看出，TOD 的活力引导对该地区的城市更新起到了持续的推动作用。从摄政运河的开通到国王十字火车站的建成，再到欧洲之星国际铁路的开通以及地铁线路的连通，交通功能的发展不可避免地推动了城市的发展。

（1）慢行系统建构下的织补更新

TOD 的发展强化了作为一种城市触媒的更新意义，轨道交通站点的开发将会支撑和优化周边区域的土地利用结构，而其带来的复合业态和良好的用地功能配比以及更加完善的交通体系正是城市更新提质升级的基本需要。且地铁站域综合开发的城市更新可以很大程度上打破传统地铁站域圈层化的特征，扩大功能混合度的影响范围，并以与站点距离远近作为依据采取不同的更新策略，从而形成不同距离之间的活力牵引。

（2）渐进式持续发展下的迭代更新

TOD 交通在广义上就是指一种轨道交通设施建设驱动下的城市开发活动，轨道设施作为重大市政基础设施，伴随着城市更新进程，其长效性的特点使其不可能一蹴而就，需要长期且全面的规划。因此，渐进式的发展与更新策略可以适当将全周期拆分成较短的不同时段，这样能够较快呈现更新后的社会效应，从而激发并带动下一阶段的城市更新，滚动实现一个区域的持续更新。

（3）零散资源整合下的系统更新

TOD 模式作为城市发展的切片，通过零散空间、功能以及资源等的整合，打破了车站与周边城市空间的边界，扩大了站点的辐射范围，体现出"整体大于部分之和"的集聚效应，终将影响城市更多维度的综合发展。

图12 国王十字街区功能混合示意图　　　　　图13 国王十字街区兴趣点增长示意图（左2014年，右2020年）

表2 国王十字街区开发量变化表

年份	休闲娱乐 / m²	零售 / m²	商业办公 / m²	福利住宅 / m²	教育健康 / m²	住宅套数 / 套	酒店旅馆 / m²
2008—2014	31 550	45 925	486 280	176 875	75 765	2 000	47 225
2015—2020	88 000	—	448 000	192 000	72 000	2 000	—

（4）利益制衡下的人性化更新

在整个渐进式的更新过程中，分层管控、逐层推进，其过程牵涉到政府规划部门、土地权属所有者、地产开发商以及普通市民等多方利益主体，其间不乏利益冲突和各种艰难的转型。只有经过不同利益主体间的抗衡与协调并充分发挥公众参与的作用，才能最终形成良好的自上而下的更新政策引导和自下而上的回馈机制。

参考文献

[1] 刘峰, 郭焫烽, 汤岳, 等. 火车站地块工业遗产保护更新中的空间重塑与认同: 伦敦国王十字街区衰退与复兴[J]. 华中建筑, 2021, 39 (11): 104-109.
[2] 韩林飞, 王博. "站城一体化"趋势下的车站与城市改造: 以英国国王十字火车站、帕丁顿车站为例[J]. 华中建筑, 2021, 39 (4): 33-36.
[3] 吴晨, 丁霓. 城市复兴的设计模式: 伦敦国王十字中心区研究[J]. 国际城市规划, 2017, 32 (4): 118-126.
[4] BERTOLINI L, SPIT T. Cities on rails: The redevelopment of railway stations and their surroundings[M]. London: Routledge, 1998.
[5] 卢培骏. 基于开发利益的视角分析大型交通枢纽再开发[C]// 活力城乡 美好人居: 2019中国城市规划年会论文集（02 城市更新）. 重庆: 2019 中国城市规划年会, 2019.
[6] 顾卓行. 轨道交通枢纽公共空间模式研究: 以伦敦国王十字火车站与武汉站为例[D]. 成都: 西南交通大学, 2017.

注释

① 伦敦城市更新财团，由房地产开发商 Rosehaugh Stanhope 和该地区主要的少数土地所有者 National Freight Corporation 组成的合伙企业。
② 国王十字火车站土地团体，于1987年成立的代表国王十字火车站地区公众意愿的民间反对组织团体。
③ 国王十字中央有限公司，由房产开发商阿金特（Argent）、伦敦欧陆铁路公司（LCR）、英运物流的母公司（DHL）三方组成的开发合伙公司。
④ 兴趣点，一般指某个地理位置周边的信息，包含名称、类别、坐标、分类四个方面信息。

图表来源

图1：引自英文维基百科，作者 Honbicot。
图2：引自 https://www.architectural-review.com。
图4：作者根据相关资料绘制，图片引自 https://www.e-architect.com，以及 Heatherwick studio 官网等。
图5：摄自 Hufton+Crow。
图6：作者根据相关资料绘制，资料引自 https://www.archdaily.com，Gridiron/ King's Cross Central Limited Partnership 以及 Google。
图7：引自 https://www.archdaily.com，由 John McAslan + Partners 提供。
图11：作者根据相关资料自绘。
表1、表2：作者根据相关资料整理。
其余图片均由作者拍摄或绘制。

朱渊　李惠

本文曾在《城市环境设计》2022年第1期发表。朱渊, 李惠. TOD引导下的城市演进: 伦敦国王十字街区更新策略浅析[J]. 城市环境设计, 2022 (1): 323-330.

Study on the Elastic Utilization Strategy of Urban Central-Type Rail Transit Station Space under the Guidance of Three-Dimensional Path Density of Public Space | 公共空间三维路径密度引导下城市中心型轨道交通站域空间地块弹性利用策略研究初探

在中国快速城镇化与轨道交通快速发展的背景下，增量与存量并存、复杂性与周期性叠加、多元性与动态性需求复合的现状条件下，城市中心型轨道交通站域空间地块利用面临诸多挑战。首先，轨道交通站域开发与城区建设时序不同。在城市中心区，轨道交通的建设往往晚于周边城市用地的建设，城市地块大小基本成形，在开发过程中增量与存量并存，地块开发现状条件不同。其次，轨道交通站域开发建设工程量大、建设周期长。站点地块、核心区地块和影响域内其他地块开发时间不同步。此外，轨道交通站域开发具有高度复合的复杂性。中心区站点在地下层引入巨大的人流，激发了轨道交通站域三维开发的潜力，让空间利用在三维慢行系统优化的基础上更为复合高效。因此，三维慢行路径导向下站域空间的弹性利用成为在城市高质量发展要求下，值得精细化探索的方向。

1. 路径密度：指向城市中心型轨道交通站域空间地块弹性利用

TOD模式引导下的城市中心型轨道交通站域空间开发作为一种高度集约的开发模式，涉及众多围绕站点周边的城市地块。在满足站点核心区高强度开发和站点影响域内高效接驳的基础上，城市空间的发展既需关注核心地块的三维整合，还需实现多地块之间的整体系统关联。基于此，本文结合站域空间的三维路径拓展，以动态视角面向城市发展的不确定性，进一步对地块弹性利用模式进行精细化研究，使之成为在轨道交通站域空间进行精细化设计的重要维度之一。

轨道交通站域高密度的地块空间发展，既需要对地块具体使用方式加以引导，也需要以弹性策略适应动态变化。本文试图在以公共空间密度为引导的地块开发的基础上，通过进一步对三维公共空间路径的进行针对性研究，强调在三维路径建构基础上空间布局与建筑组织模式上的多维适应性。同时，在现有"刚性"地块边界控制基础上，赋予地块内部"弹性"的公共空间引导，强化地块内局部次级慢行的城市属性，参与建构可选择度与可达性(reachability)高的城市慢行网络，并同时带来地块内建筑排布方式的多样性。

2. 三维密度：公共空间可达性引导下的地块关联

（1）公共空间三维密度的特性

通常而言，站域公共空间的可达性，即从一个目标点到另一个目标点的容易程度[①]，决定公共空间的发展活力，这对于轨道交通站域空间尤为重要。公共空间承载起更多引导、分散人流的作用，既需要合理疏散来自地铁站的人流，也需要通过完善的公共空间体系增加辐射范围，发挥其向心力。本文对公共空间密度的讨论侧重于公共路径流线，以期为地块开发过程中塑造高可达性的慢行空间提供思路。

通常情况下，人们把地块尺度与步行路径直接联系。为了塑造步行友好的高可达性空间，以"小街区密路网"为代表的关于地块大小的讨论方兴未艾。"小街区密路网"理念以地面层作为通常意义的步行基面，其地块开发常常相互独立，地块边界自然成了唯一的公共步行路径。但TOD开发以站点为核心，引入了地铁，为地下层步行基面的建立提供了可能，三维空间路径应运而生。高强度的开发将地下和地上步行基面的塑造打下了基础，地块边界不再是唯一的公共步行路径，穿地块、跨地块的公共空间三维路径成为轨道交通站域空间的主要特性。公共空间密度涵盖的主要内容也从反映地块大小的路网密度扩展至反映地块内外公共路径的密度。本文在功能层面把公共空间密度分为车行道路密度（对应地块划分）和慢行道路密度（包括沿地块轮廓路网、穿地块路网和广场绿地小径）；在空间层面将其分为地面路网密度、空中连廊密度、地下连廊密度。通过比较车行道路密度与慢行道路密度的数值和空间布局特点，探索地块划分方式。

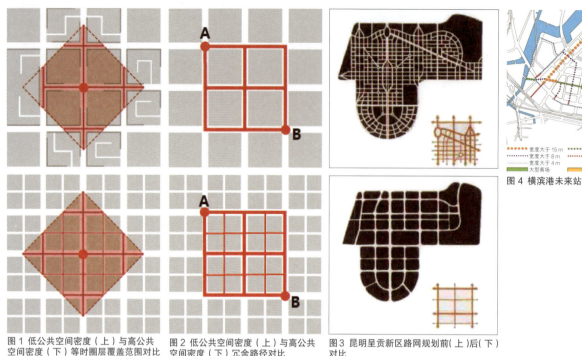

图1 低公共空间密度（上）与高公共空间密度（下）等时圈层覆盖范围对比

图2 低公共空间密度（上）与高公共空间密度（下）冗余路径对比

图3 昆明呈贡新区路网规划前（上）后（下）对比

图4 横滨港未来站

（2）公共空间三维密度引导下的可达性

公共空间三维密度能扩大地铁站的辐射范围，从而提升地铁的使用效率。据上海与东京调查研究统计，40%~70% 的地铁到站旅客的接驳方式为慢行交通[1]。与同规模慢行系统不完善的地铁站相比，拥有完善慢行系统的尖沙咀地铁站吸引居民出行范围可扩至 1.5 倍[2]。当区域三维公共空间密度较低时，等时圈层覆盖的范围因地块的封闭性呈现不同程度的缩小，居民的绕行成本增加，不利于公共交通的覆盖（图1）。只有完善公共空间密度，塑造开放连通的慢行网络，才能实现同一时间圈层地铁服务范围的广覆盖，提高整体空间的可达性。高公共空间密度区域可达性的提升反过来带来路径选择的多样性，即冗余路径[2]，这有利于增加单位面积内的开放街道界面，从而塑造街区的整体活力（图2）。

三维公共空间密度相较于以小街区密路网为代表的二维公共空间密度，强化了竖向空间层的路径分布。为了避免零散、间断的空间串联，需要在单层次形成较大范围连贯的步行基面。这是由行人活动的"平面性"决定的，行人一般都不希望过多地改变主要通道的层次[3]。在此原则下，对于三维公共空间密度的讨论仍需要以平面路径为依托，单层次公共空间密度的三维叠加才能指向轨道交通站域空间的高可达性。

（3）三维路径密度引导下的空间可达性与地块弹性划分趋势

站域空间不同路径密度与地块之间的关联，主要呈现两种模式：其一，地块边界即路径，常见于地面慢行系统；其二，地块边界和内部均有公共路径，常通过进一步界定地块内公共空间区域，形成穿越地块的公共路径，有效缩短点到点的慢行距离，从而引导地块内基于公共空间预留的开发模式，并在不同标高的水平面均有分布。

公共空间路径在地面层分布较多时，较为直接地决定了地块大小，呈现密路网的空间形态。密路网与车行道的窄化共同有效地提升了行人过街效率。其中一种模式是"小街区密路网"，这种模式也与彼得·卡尔索普提出的提高道路网密度 TOD 原则相吻合[3]，被广泛应用于地块

图5 上海五角场—江湾体育场站地下串联空间

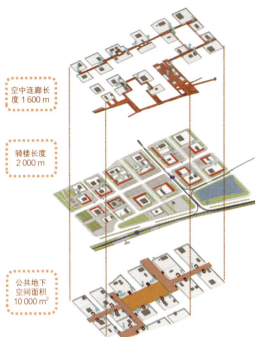

图7 广州琶洲西区地下—地面—空中立体步行系统分析

图8 苏州工业园区中央商务区步行系统分析

图6 上海徐家汇站空中二层连廊方案

划分相对自由的新开发的城市片区中。如昆明呈贡新区对地块进行再划分，塑造了慢行友好的地块布局（图3）。另一种模式则是"开放街区"，对于大尺度的地块设置开放路径，从而加大慢行路网密度，如横滨港未来站在地块间预留出慢行系统（图4）。

当公共空间路径在地上、地下层较多分布时，受到地块大小的制约较少，常应用于城市地块大小已成型的区域，利用道路上下的剩余空间，为轨道交通站域再开发提升地铁商业联动效能和步行效率。地下或空中的贯通流线串联了各个地块，常由点状拓展至步行轴线，最终将整个片区串联成网。这一方面解决了步行流线被车行道割裂的问题，另一方面弥补了地面层难以解决的人车分流问题，同时极大增强了地块之间的多路径可达性。如上海五角场站通过地下广场整合五个被车行道分割的地块，把地块内部路径转变为公共路径（图5）；上海徐家汇站点通过二层连廊体系连通各商业地块和城市公园（图6）；东京站丸之内地区从1937年至今逐渐完善地下网建设，从大街道向小尺度街道扩散，打通了各私有地块的地下商业空间。

随着城市轨道交通站点高强度立体化发展的趋势，地块内公共空间路径不再局限于单一基面，而是形成了上下拓展的三维城市空间网络，分层差异化引导城市空间发展模式。如广州琶洲西区城市中心在地面层既采用了 80 m×120 m 的地块大小，又在地下串联各地块构建共享单元，在地上建筑空间内设置 24 h 公共开放连廊系统[4]（图7）；苏州工业园区中央商务区将道路间距控制在 50~150 m 范围内，利用道路下空间和地上连廊体系联系地块（图8）。

3. 空间冗余：等时三维影响域圈站域公共空间密度解析

本文以城市公共车行道路分割的土地为地块的最小单元，以地铁出闸机 10 min（500 m）等时三维圈层[4][5]为研究范围，将路径总长度与区域面积比值作为三维路径密度的指标数值，探讨三维公共空间路径

表1 分项数据汇总

站点	空间	车行路径密度	沿地块道路密度	广场道路密度	穿地块道路密度	尽端路密度
丸之内站	地面	17.70	18.67	0.86	3.87	0.46
	地下		6.72	0.00	6.65	0.34
徐家汇站	地面	13.62	14.86	0.79	0.54	6.69
	地上		0.73	0.00	1.06	3.60
	地下		3.11	0.00	0.59	0.00
中环站	地面	30.01	29.83	4.15	3.39	0.81
	地上		5.15	0.00	5.76	0.00
	地下		1.61	0.00	2.21	0.00
港未来站	地面	17.94	21.06	4.19	4.62	1.25
	地上		0.20	0.66	5.72	0.00
	地下		0.20	0.00	0.69	0.00
五角场站	地面	17.22	13.68	0.93	2.50	1.44
	地下		3.29	0.00	2.88	0.00

表2 整体数据对比

站点	平均地块大小 / hm²	车行路径密度	有效慢行路径密度	慢行/车行
丸之内站	1.20	17.70	36.77	2.077
港未来站	3.31	17.94	36.04	2.009
中环站	0.93	30.01	52.09	1.736
徐家汇站	6.32	13.62	21.69	1.593
五角场站	5.02	17.22	23.28	1.352

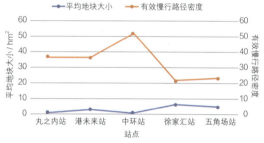

图9 平均地块大小与有效慢行路径密度对比

与地块之间的联系。

研究以开放街道地图（Open Street Map, OSM）开源地图信息为基础，通过开源跨平台地理信息系统 QGIS 软件沿路径计算 500 m 内可达性范围，进一步对不同类型路网进行补全、分类、统计和图示化表达。在路径评价方面，采用了城市网络分析（UNA）软件中客流中间性指标[5]（betweenness），最终指向公共路径可选择度和密度引导下的城市空间活力提升。在实际计算中，数值被赋予 1.2 的绕行比例[6]，适当放宽该绕行比例以模拟人们对路径多选择的真实状态（表1）。

（1）地块大小与慢行密度关联性
从表 2 将平均地块大小与有效慢行路径密度[7]对比（表2和图9），可看出慢行路网呈现 1.352（五角场站）~2.077（丸之内站）不同倍数级增长，说明慢行路径实现了在沿车行路径两端设置的基础上不同空间层次的叠加。将地块大小同有效慢行路网密度对比，可见地块大小并未与总体慢行路网密度呈明显相关性，可见，在地块划定基础上

公共空间的再定义中，路径通行效率起到了一定作用。

通过统计各站点不同空间层有效慢行路径密度的占比（表3和图10），可看出各站点因建设环境差异，在不同空间层各有其侧重。如，东京站（丸之内）汇集多条地铁线路，于 1937 年开通了地下空间建设，通过几十年的发展不断拓展，延展成血管式的地下网络；港未来站依托皇后街购物中心、大型体育场馆建立了完善的二层步廊体系；中环站毗邻铁路枢纽站——香港站，因此步行系统在各空间层面均分布较为完善，其中直通香港站的地上连廊系统尤为突出；徐家汇站近期完善了地上的天桥系统，连通了城市大型交叉口间的 5 个地块；五角场站通过地下广场和地下商业街有效解决了城市地块被车行路分割的问题。

整体来看，相同车行路径密度引导下的地块划分可呈现地块尺度的多样性，而有效慢行密度整体保持与地块平均大小关联性紧密的趋势。进一步细化比较丸之内站与港未来站可知，因为三维路径的模式与数量直接影响了慢行密度，平均地块大小差距并未能直接影响有效慢行密度。

表 3 占比情况

站点	有效慢行路径密度	空间分布		占比 / %
丸之内站	36.77	地面	23.40	63.6
		地下	13.37	36.4
港未来站	36.04	地面	29.18	81.0
		地上	5.60	15.5
		地下	1.25	3.5
中环站	52.09	地面	37.36	71.7
		地上	10.91	21.0
		地下	3.82	7.3
徐家汇站	21.69	地面	16.19	74.6
		地上	1.80	8.3
		地下	3.70	17.0
五角场站	23.28	地面	17.11	73.5
		地下	6.17	26.5

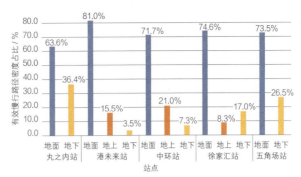

图 10 各站点不同空间层有效慢行路径密度的占比

表 4 密度分布情况

站点		沿地块道路	广场道路	穿地块道路	尽端路
丸之内站	数值	25.39	0.86	10.52	0.79
	占比 / %	68	2	28	2
港未来站	数值	21.90	4.76	9.38	1.25
	占比 / %	59	13	25	3
中环站	数值	36.59	4.15	1136	0.81
	占比 / %	69	8	21	2
徐家汇站	数值	18.71	0.79	2.19	10.29
	占比 / %	58	2	7	32
五角场站	数值	16.97	0.93	5.38	1.44
	占比 / %	69	4	22	6

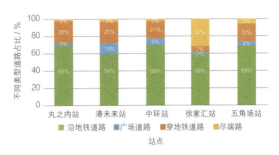

图 11 不同类型道路占比

（2）慢行路径的多类型分布

从表 4 和图 11 可看出，城市中心区不同站点的慢行路网均不局限于沿地块分布，大部分站点在穿越型道路上有较大的占比，慢行路径有效对地块进行了再分割。但相比东京、横滨、香港的站点，上海的两个站点在整体路网密度数值和占比上存在不同程度的问题。结合路网分布图（图 12）看，徐家汇站地块尺度大且以封闭小区式的尽端路为主，尽端路占比高达 32%，不利于整体区域的活力提升，路网分布仅集中于地铁站的核心区域。五角场站的地块尺度大，但很多用地未开发完全，整体路网密度较低，路网建设并未细化，有待在今后的发展中进一步完善，并提升慢行路径。

结合路网分布图和慢行路径空间分布的占比来看（表 5 和图 13），在不同空间层路径的类型分布也有所不同。在地面层，慢行路径以沿地块道路为主，穿地块道路长常出现在大于 1.8 hm² 的地块中，广场型道路有两种分布模式，一是以城市公园的模式占据某一地块，二是与慢行走廊联系起来。在地下层，徐家汇站和五角场站慢行路径主要分布在道路下空间，这与目前其地块平面确权的背景有关，而东京、横滨、香港地区的路径分布则更为灵活，体现出三维路径类型多的特点。在地上层，不同站点也呈现不同的模式，主要还是出于串联不同地块内部路径、提升整体区域的可达性的目的。值得学习的是港未来站和中环站在连廊的建设中，通常采用以一栋建筑的公共路径串联多个地块的模式。与其对比，徐家汇站初步实现了以二层连廊联系多个商业综合体，但并未有效利用商场内部的公共路径辐射其他地块。

4. 弹性策略：站域公共空间地块多元利用

（1）站域城市空间路网分配模式

站域城市空间路网分配与地块大小有较大的关系。关于地块大小的讨论，自简·雅各布斯在《美国大城市的死与生》指出 700 ft（约 210 m）的路段就已消减了城市活力后[6]，国内外学者对地块的合理尺度进行了不同角度的研究，认为应将地块长度控制在 200 m 以内[7]。城市中心区的地块大小受到历史背景、地理环境等影响，往往已经成

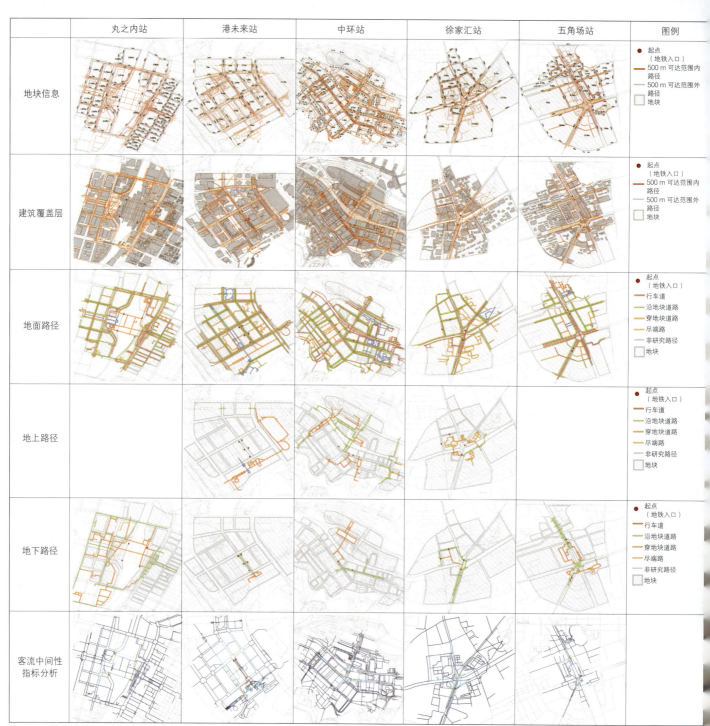

图12 5个研究站点的路网分布图

表5 不同类型道路占比情况

站点	空间	沿地块道路/%	广场道路/%	穿地块道路/%	尽端路/%
丸之内站	地面	78	4	16	2
	地下	49	0	48	2
徐家汇站	地面	69	14	13	4
	地上	3	10	87	0
	地下	53	0	47	0
中环站	地面	78	11	9	2
	地上	47	0	53	0
	地下	42	0	58	0
港未来站	地面	65	3	2	29
	地上	14	0	20	67
	地下	84	0	16	0
五角场站	地面	74	5	13	8
	地下	53	0	47	0

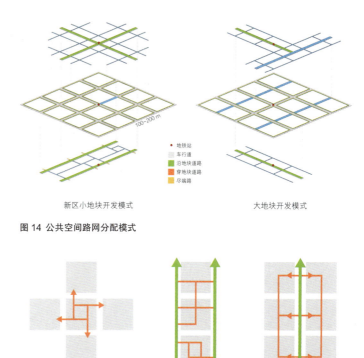

图14 公共空间路网分配模式

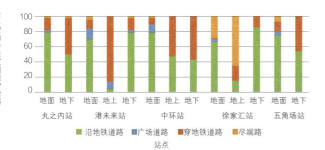

图13 慢行路径空间分布占比

图15 地块地下/地上联系模式

形,后期较难改变,但我们可根据现有的地块条件利用公共空间路径对地块进行弹性利用。

针对小地块站域(图14),其地面层沿地块的路径较为丰富,因此可以考虑在地上和地下层进行三维路径的布局。小地块地区的城市道路分布较丰富且距离较近,可充分利用道路上下的剩余空间,沿地铁出入口设置连续的三维慢行路径。同时,独立设置穿越型路网的必要性相对较低,可考虑将地块内部的尽端式公共路径转换为穿地块路径:一是在一个地块的内部路径设置与多个地块的接口,以激发商业片区的整体活力;二是利用道路下公共空间,将地块内部道路接入两端公共道路(图15)。

针对大地块站域,当街廓长度大于200 m时,地面层可考虑穿越路径的设置;当单边较长时可沿单边设置,如横滨港未来站;当整体街廓较大时,可根据建筑布局考虑路径分布(图16)。上海五角场站在空中层根据建筑开发模式形成穿地块室内连廊;港未来站的皇后购物街的地下层,由于大地块间地块产权范围较大,很难利用平行的距离较远的城市道路下公共空间,因此主要以某一主要城市道路或十字道路下空间进行两侧地块的联系,并同时在地块间进行内部路径的连接。其中,对于广场路径的分布,主要分为两种类型:一是结合主要慢行轴线,形成线性广场空间,如横滨港未来站;二是单一的广场用地,主要用于站域空间的景观休憩需求(图17)。

(2)公共空间引导下的地块弹性利用策略
策略1:地块分—合弹性使用
针对城市中心区轨道交通站点核心区地块大型商业办公综合地块开发,通过在不同标高和位置公共空间的慢行路径预留在一定程度上满足地块大规模开发与路径活力,实现整体慢行系统的提升。对于小地块,其路网密度较大,可考虑进行地下整合开发;对于大地块,可在地下层和空中层设置慢行廊道,并形成互动(图18)。公共空间跨地块三维分布,使得慢行路径不再局限于地块大小,可通过地上、地下路径和地面层的穿越路径,形成大小地块之间使用上的分割和组合的灵活性,以及地块分与合的弹性使用。

   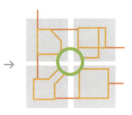

图 16 大地块地面层分割模式　　图 17 广场路径分布模式　　图 19 内部路径公共性的交通情况

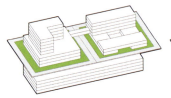 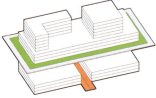 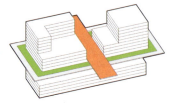

图 18 地块划分和组合模式

策略 2：多尺度地块公共路径三维联动

在城市中心站域复杂环境下，可利用三维路径进行地块高密度连接，对接商业综合体进行高强度开发，形成多地块之间的三维联动。如东京站等大型枢纽站为了解决大车站、轨道造成的空间割裂，利用站前广场、地下穿地块路径，将小街区的路径延伸至大地块内部，有效串联了东西地块。香港的车站整体地块较小，但仍有部分地块某一边长度较长，通过地面层穿地块路径的设置，使得慢行交通更便捷。在处理多尺度地块时，应以小地块为基准，在不同的空间层面进行完善与补全。

策略 3：地块内部路径的公共性提升

在实际建设过程中，地下空间和地上连廊空间开发成本高，因此站点往往考虑结合建筑内部路径拓展公共空间路网。这需要地块在开发过程中事先预留朝向其他地块的地下或者地上接口。徐家汇站和五角场站分别采用了地上和地下空间串联了几个地块的内部路径。但徐家汇站的二层连廊系统仅起到了连接作用，并未活化建筑内部路径。进一步拓展内部路径的公共性需要内部路径面向多地块生成连廊和接口（图 19），如五角场站，在地下广场串联了不同地块的地下商业流线，同时不同地块的商业空间也面向其他地块延伸出接口，这种模式有利于带动区域的活力。

5. 小结：三维密度下站域公共空间弹性格局

以三维公共空间密度思考站域地块弹性开发，是在城市设计整体架构引导下的 TOD 精细化地块开发，是针对后续地块内建筑布局与设计弹性利用的引导，旨在有效促进轨道交通站域空间整体可达性的提升，增强地块使用效率。

基于此，地下层、地面层、地上层三维基面的路径分析，将引导地块路径的灵活分布，进而实现站域空间高密度慢行路径要求下不同大小地块的合理开发。地面层的穿地块路径在地块开发中留出公共路径，影响着地块划分的建筑布局模式；地下层和道路下的路径改变了地块间独立开发的模式，在联系多个地块形成整体开发模式的同时，形成地上地下的地块分离整合的一体化多元模式；地上层的公共路径则是通过被车行道分割的空间，对地块进行了整合。在这个过程中，建筑内部路径也由独立性向公共性转变。公共空间三维路径密度最终塑造了站域地块开发的弹性格局。由此可见，结合公共空间三维路径整合梳理地块，可最终实现地块的弹性开发，塑造更高效、更紧凑的站域空间。

参考文献

1) 刘芮琳. 轨道交通站点区域慢行系统优化策略研究[J]. 建筑与文化, 2021(1): 133-135.
2) 牛彦龙. 地铁时代下营造站域慢行空间重塑都市活力[D]. 天津: 天津大学, 2016.
3) 袁铭, 庄宇. 轨道交通站域公共空间使用绩效的评价与影响因素分析: 以上海核心城区为例[J]. 建筑学报, 2015(S1): 47-52.
4) 方素, 夏晟. 集约紧凑的城市空间立体化设计: 广州琶洲西区实践[J]. 建筑技艺, 2021, 27(3): 30-34.
5) 朱渊, 王浩. 等时效应下轨道交通站点三维影响域界定方法初探[J]. 建筑学报, 2022(10): 80-85.
6) 雅各布斯. 美国大城市的死与生[M]. 金衡山, 译. 南京: 译林出版社, 2005.
7) 黄烨勍, 孙一民. 街区适宜尺度的判定特征及量化指标[J]. 华南理工大学学报(自然科学版), 2012, 40(9): 131-138.

注释

① 可达性定义见图论(Graph Theory)。
② 冗余路径定义为步行者在一组"起点—终点"之间步行时的所有可行路径。
③ 参见: 彼得·卡尔索普的《TOD在中国》。
④ 三维等时圈层可视为在交通接驳的等时范围内, 不同时间圈层范围中城市公共空间(包含室外公共空间及与三维慢行系统紧密衔接的可进入、可参与的室内公共空间)的范围。
⑤ 中间性指标用以定义"若干组起点和终点之间的最短路径经过该节点的份额"。
⑥ 绕行比例指实际路径与最短路径的最大比值。
⑦ 有效慢行路径为不同空间层沿地块轮廓路网、穿地块路网、广场绿地小径之和, 除去尽端道路。

图片来源

图3: 引自彼得·卡尔索普的《TOD在中国》。
图4: 引自 https://www.ymm21.jp/upload/Info85.pdf。
图5: 引自李惠。
图6: 引自《徐家汇商圈平台总体布局论证》方案公示。
图7: 引自琶洲西区城市设计及控规优化项目组。
图8: 引自苏州市CBD暨东部新城中央区城市设计。
其余图片均为作者自绘。

朱 渊　罗梓馨

本文英文版发表于International Journal of High-Rise Buildings (ISSN: 2234-7224)

Research on Connectivity Attributes of Underground Walking System in Rail Transit Station Areas

轨道交通站域地下步行系统连通属性探究

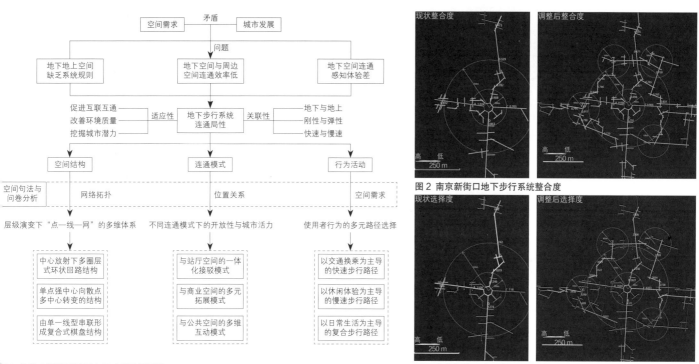

图1 轨道交通站域地下步行系统连通属性

图2 南京新街口地下步行系统整合度

图3 南京新街口地下步行系统选择度

从结构形态看,轨道交通站域地下步行系统的连通属性表示的是节点和路径的相互关系,即网络拓扑,以一种抽象的形态布局,表示个体要素之间相互关联。步行系统不是由单一性的节点与路径构成,节点和路径具有不同的空间特征,如节点和路径的功能属性、空间尺度、远近距离,由此带来步行系统中不同辐射圈层的连接的强弱关系。通过对地下步行系统的更新优化,可以构建多层级连通,形成地下更广域圈层以及地下与地上的空间联系,从而改善城市整体空间结构,推动城市高效率运作与可持续发展。本文基于网络拓扑、位置关系和行人的空间需求,从空间结构、连通模式、行为活动三方面出发,探究城市中心城区或商业中心城区轨道交通站域地下步行系统的连通属性(图1)。

地下步行系统从初期发展的单一型结构逐渐向复合的多元网络演进,呈现出逐步生长更新的模式特征,相较于一次性的完整规划,层级演变的地下步行系统体现出更强的适应性与有机性,适应城市化进程。网络型结构的主要特点在于空间结构的各端部之间存在联系,无需经过结构的起始点即可到达,从而使结构内的联系具有更多可能性并且更加紧密。网络型的步行系统具有多种模式混合的特点,其可以实现更多元的路径选择,且节点与节点之间的联系更加紧密,具备内部连通性与外部可达性,步行路径组织效率更高。

地下步行系统由"点—线—网"的不同层级构成,点是节点、线是路径、网是立体网络,各自分别具备不同的空间特征,叠合后产生新的系统价值以及新的空间的强弱关系。不同的地下步行系统结构形态具备不同的网络化程度,由此产生不同圈层下的空间特性、界面价值、组织效率和环境适应。

1. 中心放射下多圈层式环状回路结构

空间句法理论分析没有考虑地铁人流产生源与人们出行目的地选择,从南京新街口现状地下步行系统的整合度和选择度分析可以看出,其基本呈现从中心向四周递减的趋势,中心节点及连接的主要通道可达性和穿越性较强,而位于末端的支路呈现较低的可达性和通过性。现状地下步行系统的"T"型结构呈现明显的放射状和单一的空间核心,而地下步行系统的拓扑中心与地铁产生的主要交通人流基本一致,这在一定程度上加剧了主要通道的步行压力,地下步行系统的整体使用效率较低,交通人流和其他目的人流步行路径重合。

南京新街口片区在新一轮的规划中将现状呈松散型、支离的线状和点状分布的地下空间向集聚型中心圈、线型与环型结合的复合空间结构形态转变(图2、图3),以期实现更加高效的地下步行系统网络建构。调整后的地下步行系统积极利用地下公共道路和地块内绿地广场,建立地下空间的环形廊道。通过延伸各末端路径,建立新的节点空间,并围绕节点形成新的不同规模的圈层,同时新的圈层之间通过路径建立联系,由此形成一个更大范围的环状回路。从调整后的地下步行系统整合度可以看出,原本末端的支路整合度有了较为明显的提升,同

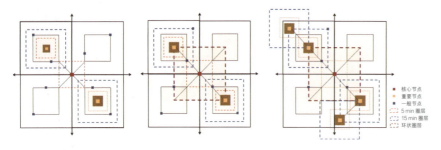

图4 多圈层环状模式的生长体系建构

图6 上海五角场—江湾体育场片区地下步行系统整合度

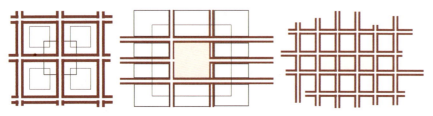

图5 平行走廊逐步生长构建棋盘式网络状布局

图7 上海五角场—江湾体育场片区地下步行系统选择度

时形成若干新的局域中心,一定程度上减弱了核心节点及主要通道的交通压力,实现了人流的多中心分散。

调整后的新街口地下步行系统不仅连通了原本支离的地下空间、地下过街设施,同时也实现了更大圈层的连通。与地铁站点间的距离是影响轨道交通站域周边城市活力的重要原因,在超过地铁站域核心范围后,即大于行人5 min步行圈后,地铁站域周边的活力将逐渐衰减。但通过形成更大范围的环形网络系统,有效加强了各节点之间的相互联系,通过在环形洄游路径中设置新的节点(图4),建立新的影响圈层,增强了步行系统整体可达性,同时实现了与周边更大范围空间的连接。

2. 由单一线型串联形成复合式棋盘结构

轨道交通轴往往为城市发展轴,形成以轨道车站为节点向周边辐射,通过利用地下公共道路和绿地广场等地块内空间,充分连通周边地下功能空间和公共空间,将单一的通道式结构串联向复合的棋盘式结构演进(图5),构建地下空间网络。轨道交通站域地下空间建设往往结合多种单一的布局模式,形成不断生长的复合式模式。其中以圆形节点中心辐射,并与线性通道连接的布局模式显示出一定的空间适应性,从拓扑学的角度看,圆形节点为星状拓扑,大多作为初始地下步行系统的组织结构。

新街口片区地下空间的节点中心位于中央圆形广场,其处于整体地下空间的核心位置,具有中心集聚性,并通过多个地下通道向外辐射,连接位于不同象限的空间。中央圆形广场一方面具有中心性,同时向外辐射可形成多个方位的连接通道,而不同的连接通道可与周边更大范围的空间整合,从而扩大地铁站点的影响范围。

五角场—江湾体育场片区南侧以椭圆形下沉广场为核心节点(图6、图7),同时由中心向外辐射,以通道的形式与位于5个不同街角的商业综合体相连,形成由中心圆形节点空间与发散状通道和局部长直街道连通的洄游式步行路径,以人的流动性激发空间活力。整体地下步行系统南侧以椭圆形下沉广场为节点,一方面较为高效地整合空间,另一方面也提升了空间的可见性。商业综合体内部形成公共性街道供行人穿越,商业综合体不仅作为目的地,而且也是连接不同目的地的过渡空间,两侧与不同空间节点相连,具备较强的连通属性。北侧以太平洋森活天地为主轴,通过向两侧延伸出入口与周边节点空间相连近似脊状布局,同时局部地下空间又形成新的网络,如创智天地。五角场站和江湾体育场站通过百联又一城和万达广场内部公共性街道实现连通,若能在太平洋森活天地与五角场下沉广场南北两个主要节点之间建立直接联系,将有效提升太平洋森活天地的空间可达性,从空间句法分析可以看出,北侧节点的局域整合度较高,而全局整合度较低。

3. 单点强中心向散点多中心结构转变

地铁站域地下空间开发往往受到多种因素的制约,地铁是政府的市政设施工程,其周边地下空间往往为多主体运营,难以形成一体化管理,并随着城市开发强度的增加,会经历逐步更新发展的不同阶段。由于不同路径的权属问题以及各地块之间的条块分割、不同建设时序的影响,整体步行系统将呈现出散点式布局、分散式组团的特征,其重要

  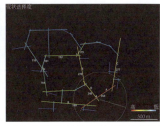 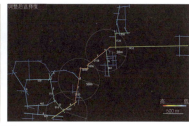

图8 上海陕西南路站地下步行系统整合度　　　　　　　　图9 上海陕西南路站地下步行系统选择度

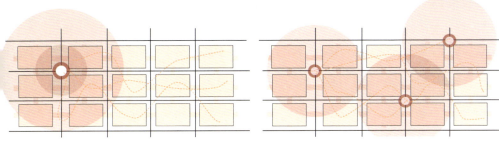

图10 单点强中心向散点多中心转变

性节点常常被打断，不能建立整体的更大范围的步行网络。

散点式布局往往形成局部的节点中心，围绕核心节点建立小型网络，存在局部支离的点状和线状空间，整体步行结构较为松散。上海陕西南路站为3条线路的换乘站，3条线路的站厅层均位于地下一层，且分别与周边地下商业空间连通，其中10号线和12号线共用站厅与环贸商场相连，1号线位于城市道路下方，与相邻两侧商业空间连接，但10号线和12号线与1号线地下一层没有建立公共通道连接，只能通过地铁站厅层付费空间连通，该区域地上空间也不能直接连通，一定程度上降低了地下步行系统整体使用效率。通过空间句法分析可见，通过构建10号线和12号线与1号线的公共通道联系，能够实现整体步行系统拓扑中心向东侧的偏移（图8、图9），不仅可有效建立起两个区域的关联，同时也能有效地将1号线大量人流引导至东侧环贸商场，实现交通人流的有效转化。

由此地下步行系统从原本单一的强中心向散点式多中心整合式布局转变（图10），通过多点疏解轨道交通人流，实现地下步行空间更广域层级的连接，形成分散式组团，并激发地下空间的多样性活力。通过对局部地下步行系统的整合，可以连接局部地下空间区域，更重要的是可以以点带面，推动周边更大范围的地下空间的发展，逐步增强地铁站域的辐射力，进而通过地下步行系统的调整引导周边城市空间结构的优化。

4. 结语

本文通过分析地下步行系统不同拓扑结构的形态特征，借助空间句法的整合度、选择度、理解度、视线整合度和视线控制度，分析地下空间的可达性、穿越性、空间可见性等，并结合不同圈层分析具体数值的变化趋势。研究发现通过对局部地下空间的更新与改造，建立局部区域的空间环状回路，并与拓扑中心相连，可以提升地下步行系统的整体空间效率，促进其从散点型、线型的空间形态向中心辐射型、复合网络型等更高强度集约的结构形态演进，并从原本单点强中心的模式布局向散点多中心的布局模式转变。

参考文献

[1] 扈龑喆. 轨道交通站点与城市综合体接驳空间的评价及其设计优化策略研究：以上海五角场站为例 [J]. 住宅科技, 2020, 40（6）：6-9, 18.
[2] 庄宇, 周玲娟. 由下至上的结构性 城市地下空间中的"形随流动" [J]. 时代建筑, 2019（5）：14-19.
[3] 吴亮, 陆伟. 地铁枢纽站域步行系统网络的建构原则与策略 [J]. 国际城市规划, 2021, 36（3）：91-99.
[4] 洪小春, 季翔, 武波. 城市地下空间连通方式的演变及其模式研究 [J]. 西部人居环境学刊, 2021, 36（6）：75-82.
[5] 魏皓严, 朱晔. 步行城市设计研究的三个方向 [J]. 时代建筑, 2016（3）：170-175.
[6] 魏川登, 潘海啸. 轨道站点周边地区步行环境评价：以上海市静安寺地铁站为例 [J]. 交通工程, 2017, 17（3）：58-64.

朱渊 许娟

本文节选于东南大学硕士学位论文。许娟. 轨道交通站点域地下步行系统连通属性及优化策略探究 [D]. 南京：东南大学, 2022.

案　例

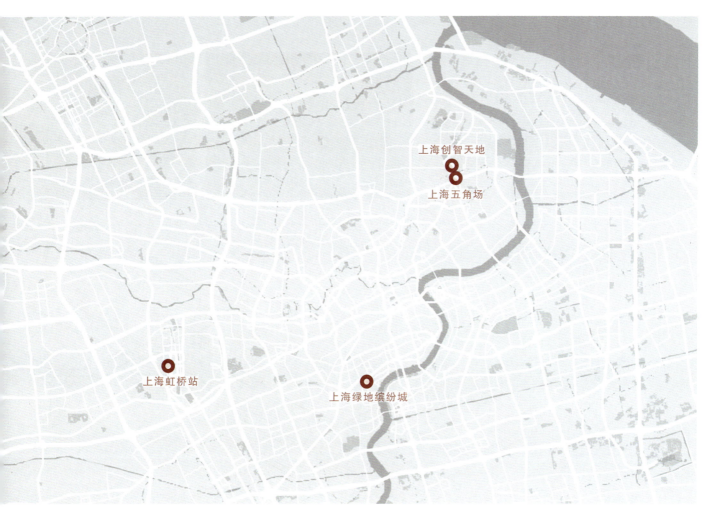

国内 TOD 调研案例　　**国外 TOD 调研案例**

1. 上海虹桥站
2. 上海五角场
3. 上海创智天地
4. 上海绿地缤纷城
5. 重庆沙坪坝站

6. 中央艺术坊站
7. 阪急梅田站
8. 柏林站

国内 TOD 调研案例

上海虹桥站

项目位置：中国上海市闵行区申贵路1500号
项目业态：交通、商业、办公、居住、酒店
建成时间：2010年7月
案例特色：虹桥地铁站是上海虹桥综合交通枢纽的组成部分，此站连通虹桥国际机场、火车站、公交站和长途汽车站，实现多线地铁换乘分别为2、10、17号线。

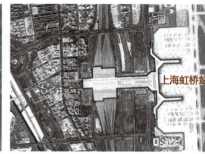
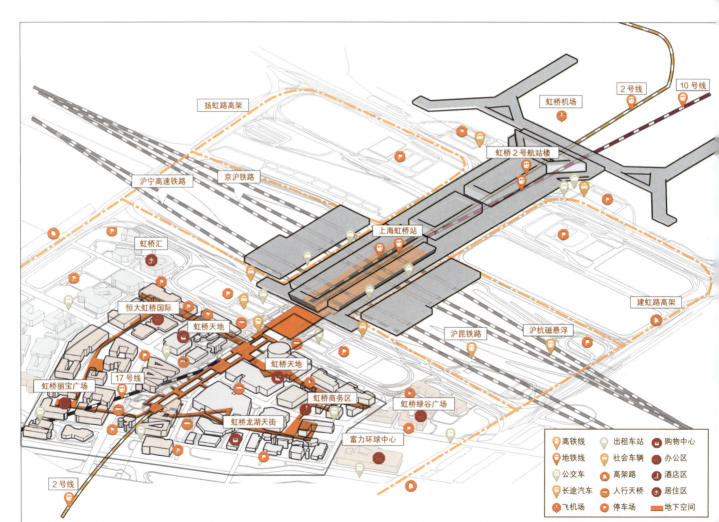

地下换乘大道

地下换乘大道与虹桥天地之间的过渡灰空间

虹桥天地地下庭院

虹桥天地下沉广场 -1F

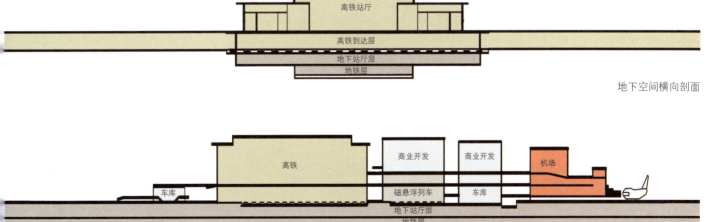

地下空间横向剖面

地下空间竖向剖面

总平面图

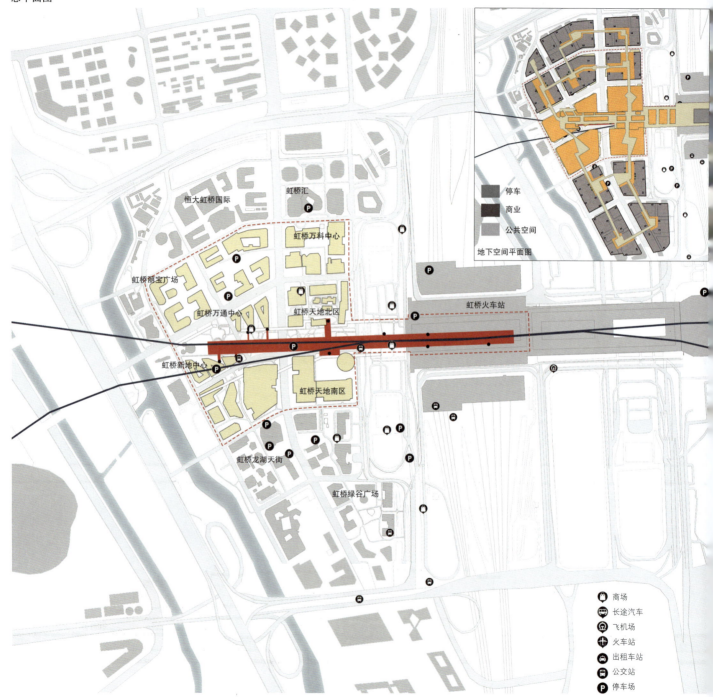

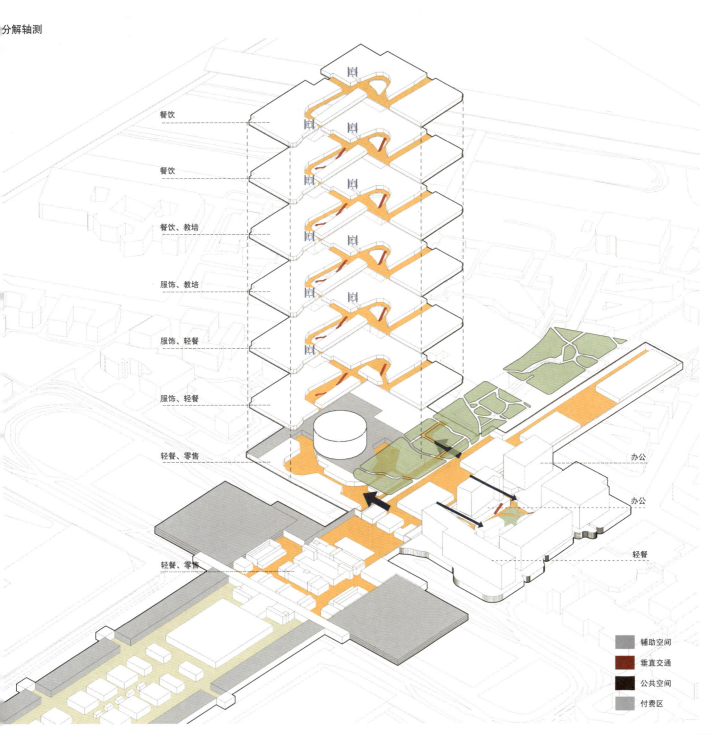

上海五角场

项目位置：上海市杨浦区五角场地区
连接江湾体育场站、五角场站
项目业态：购物、餐饮、休闲、办公
建成时间：2010年4月
案例特色：全称"江湾—五角场"，上海四大城市副中心之一，站点将地下庭院作为周转中心，贯通地上地下的同时，形成地上城市标志，连通周边地下商业，形成地下五角场。

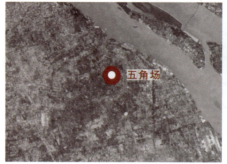

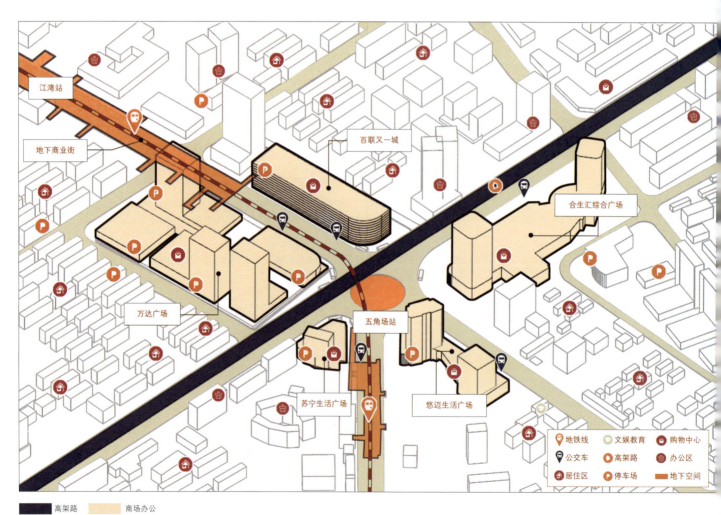

五角场站是上海地铁10号线的车站，位于上海市杨浦区，于2010年4月10日开通。

五角场位于上海杨浦区，因为其位于上海市区东北角的邯郸路、四平路、黄兴路、翔殷路、淞沪路五条路发散型大道的交会处而得名。

五角场最初的规划源自南京国民政府为打破上海租界垄断城市中心的局面而实行的"大上海计划"，现整体分为三大板块，即南部商业中心、中部知识创新中心和北部商务中心。

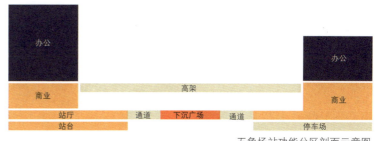

五角场站功能分区剖面示意图

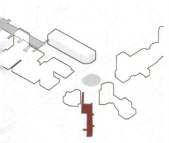

地铁站出口

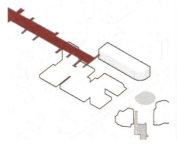

地下商业街

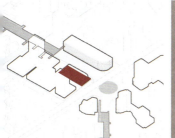

地下停车场

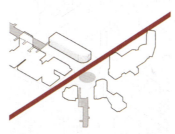

高架路

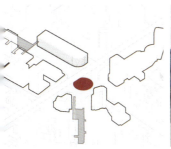

下沉广场

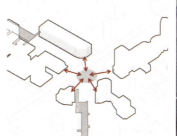

通道

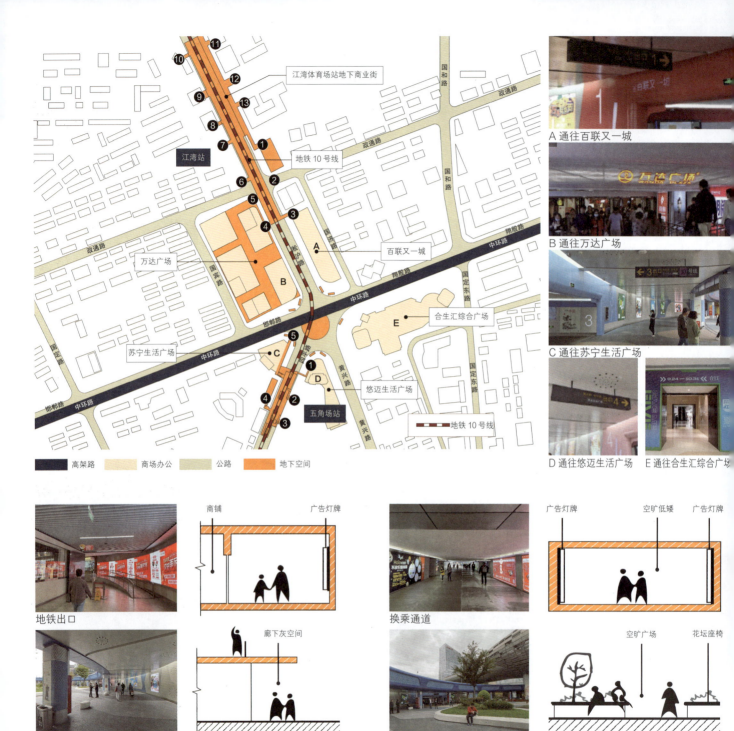

五角场的四个角上有苏宁生活广场、合生汇综合广场、万达广场、百联又一城等巨型商业综合体。轨道交通 10 号线在五角场城市副中心南部设置了两个站点、若干个出口。这两个站点分别是五角场站和江湾体育场站。为了使市民出行便捷，杨浦区通过地下通道的方式将两个站点连接起来，并与五角场环岛下沉广场连通，形成大型地下交通枢纽。五角场站与合生汇综合广场和苏宁生活广场的地下通道连通，而江湾体育场站则会与万达广场和百联又一城的地下通道连通，并和创智天地的下沉广场互通。

这些商业设施之间通过地下步行系统无障碍互通。市民从这两个站点任意一个走出地铁，无需走到地面就可到达五角场环岛周边的各大商厦。步行系统规划直接从环岛延伸到新江湾城地区。除了五角场环岛周边商业设施的地下通道完全贯通外，五角场的步行系统将会一直延伸到五角场城市副中心北部的新江湾城地区。

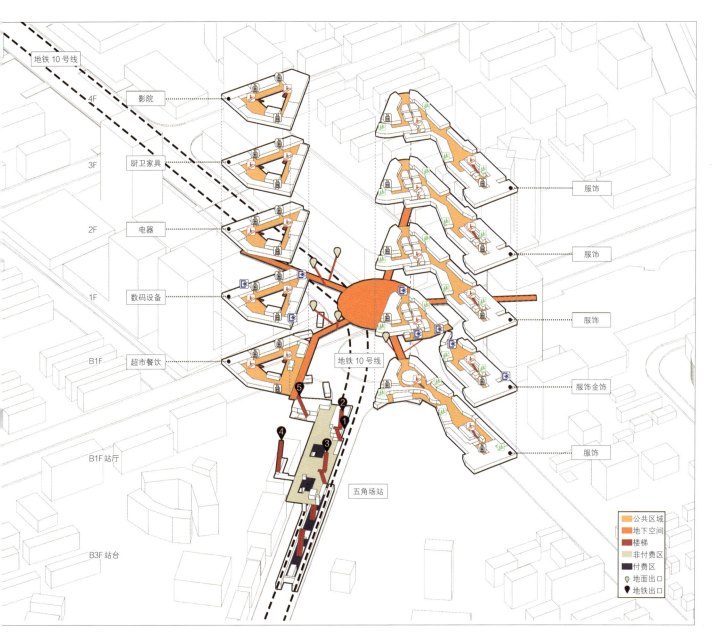

上海创智天地

项目位置：上海市杨浦区五角场地区
连接：江湾体育场站、五角场站
项目业态：商业、办公、教育、综合
建成时间：2012年8月
案例特色：城市设计与站点相结合，打造综合知识型产业社区，在空间结构上以大学校区、科技园区、公共社区走向产、学、研互融互动。地下通道设计新颖，宛若地上街区。

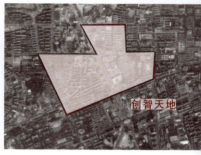

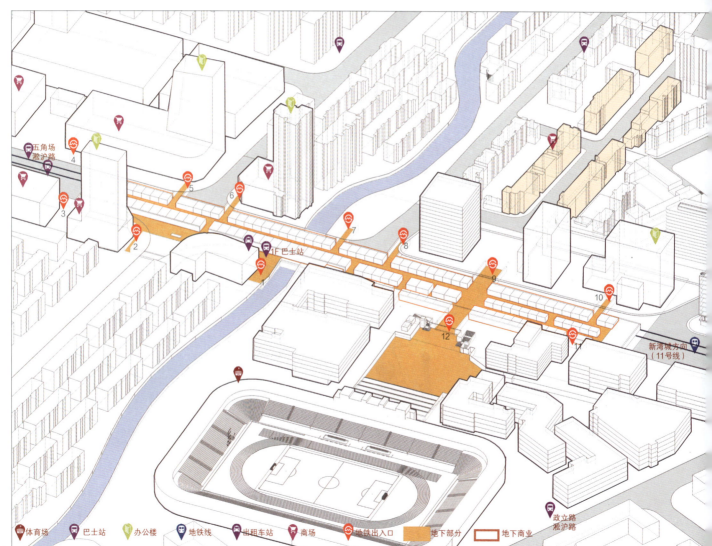

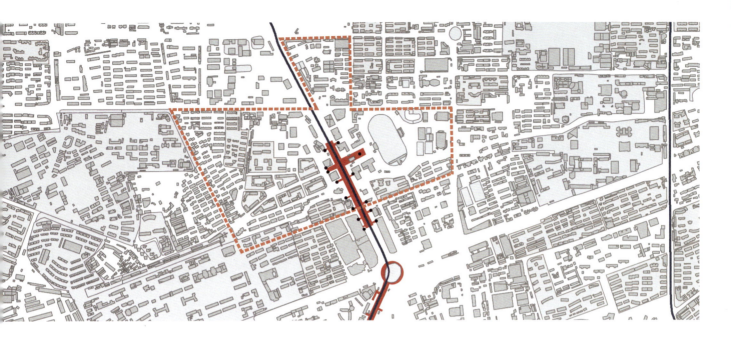

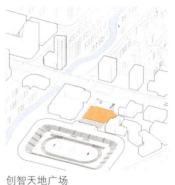
江湾体育场

创智天地广场

地下商业街

大学路商业街

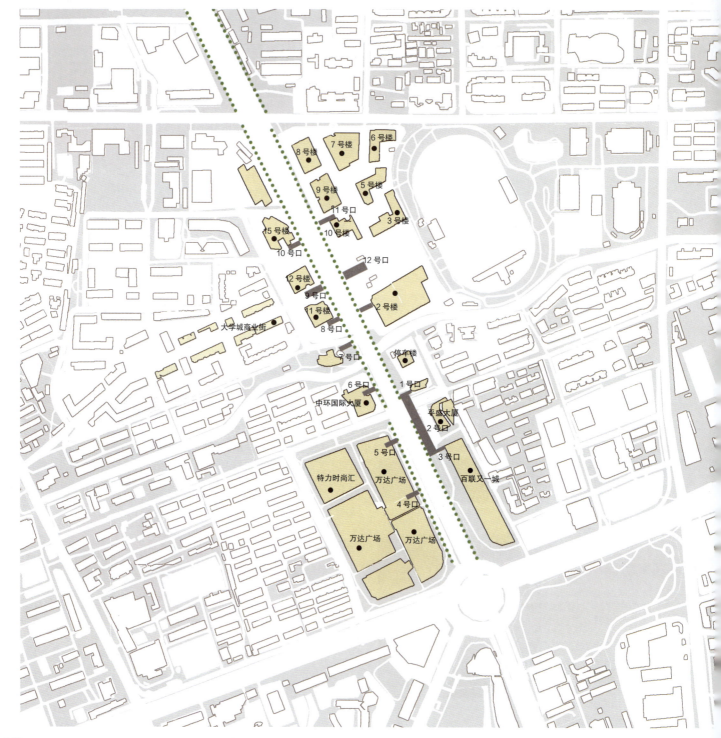

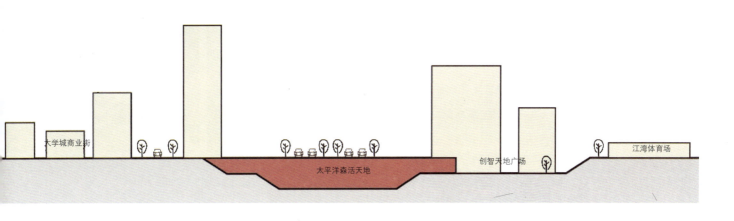
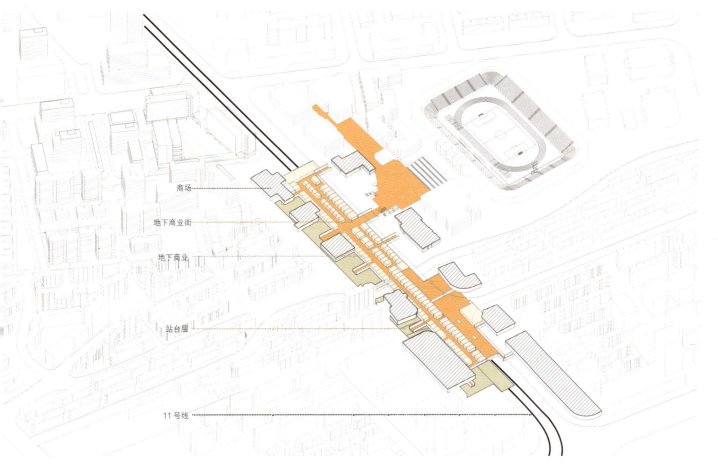

上海绿地缤纷城

项目位置：上海市徐汇区
项目业态：甲级写字楼、高级行政公寓
　　　　　特色及时尚购物街、临江豪宅
建成时间：2017 年 4 月
案例特色：顺应地铁线分割地块，地上建筑形成天然的体态特征，同时结合绿色建筑设计理念，打造开放型城市立体花园，形成"都市农场"绿谷综合体。

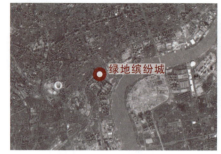

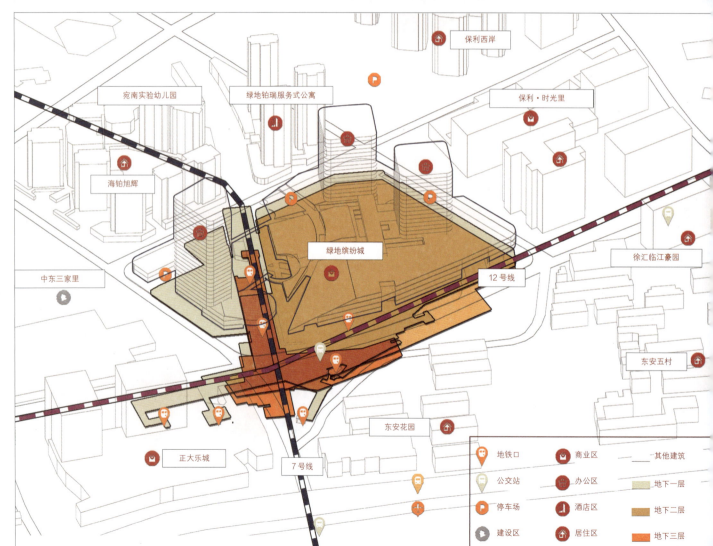

地铁连通绿地缤纷城地下空间

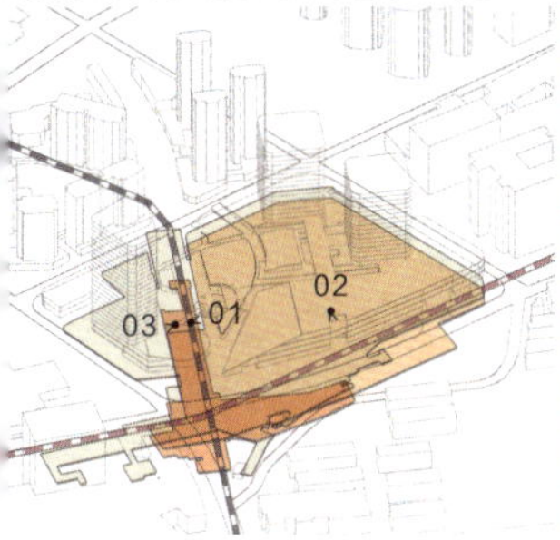

01 装置节点通往商业
02 便利商业靠近连通口 
03 艺术性通道通往商业 

绿地缤纷城地下空间

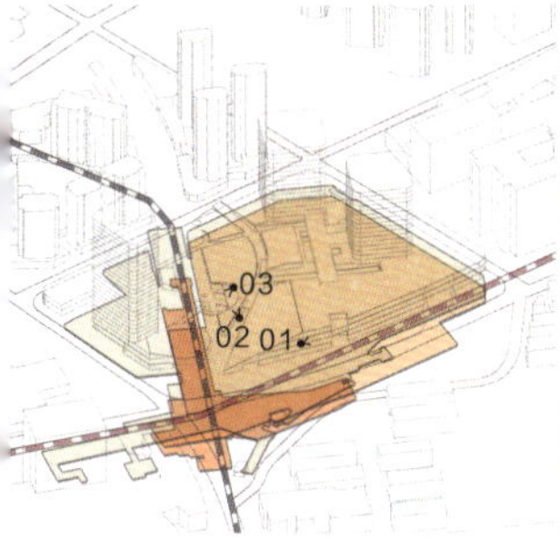

01 靠近地铁通道的常规层高商业
02 连通重要地上入口的交通核 
03 欲扬先抑的入口空间 

地铁连通绿地缤纷城地上出入口

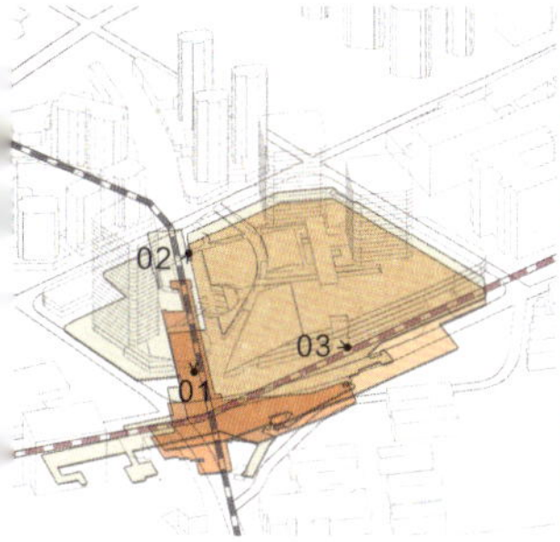

01 主要街角人流来向，造型顶覆盖
02 街场一侧入口，廊道结合灰空间 
03 沿街面隐藏于绿道和建筑之中 

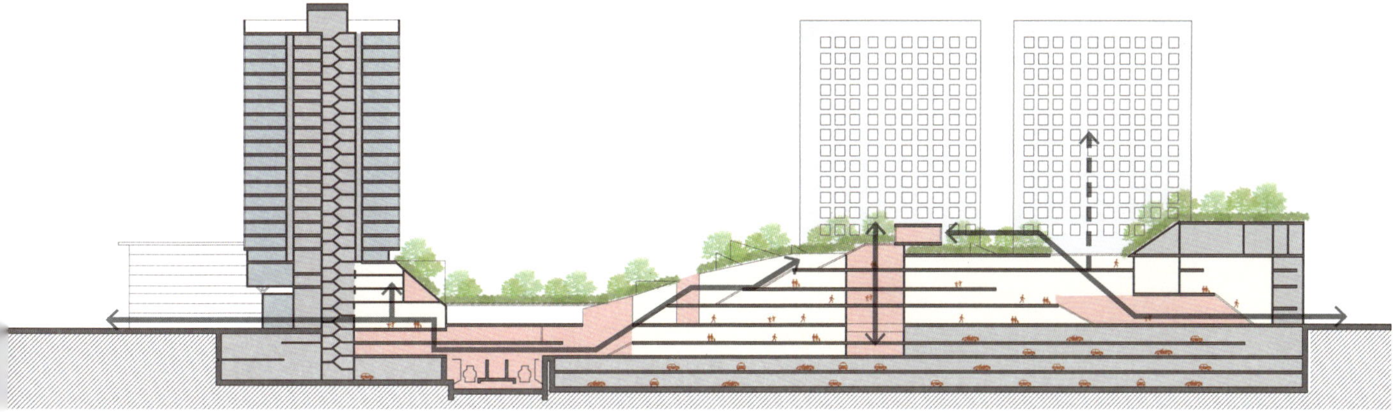

049

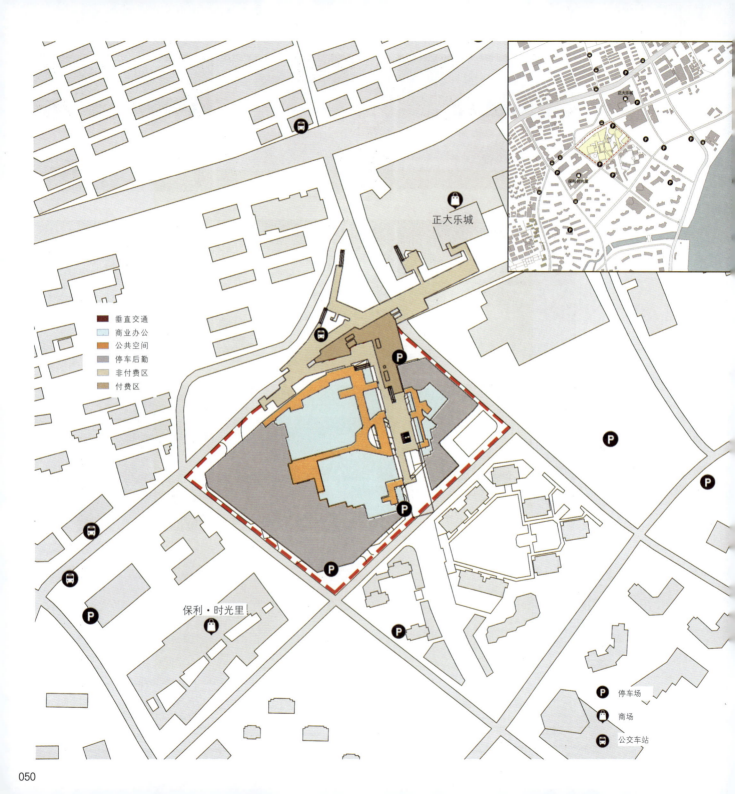

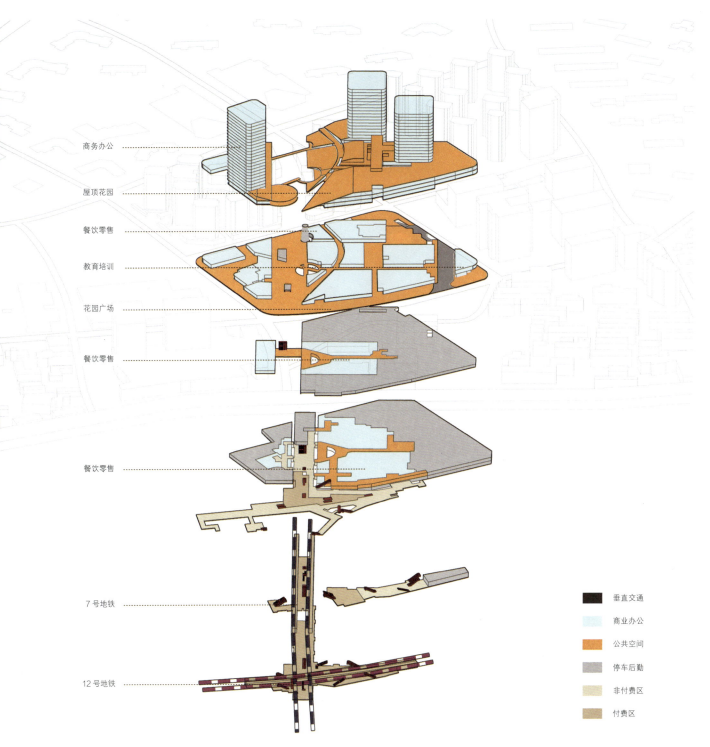

重庆沙坪坝站

项目位置：中国重庆
项目业态：商业、办公、酒店
建成时间：2020 年
案例特色：重庆"三主两辅"客运枢纽体系的"两辅"之一，是一座集高速铁路、轨道交通、公交、出租车等多种交通方式为一体的中国首例特大城市核心商圈高铁上盖 TOD。

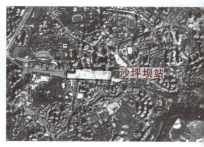
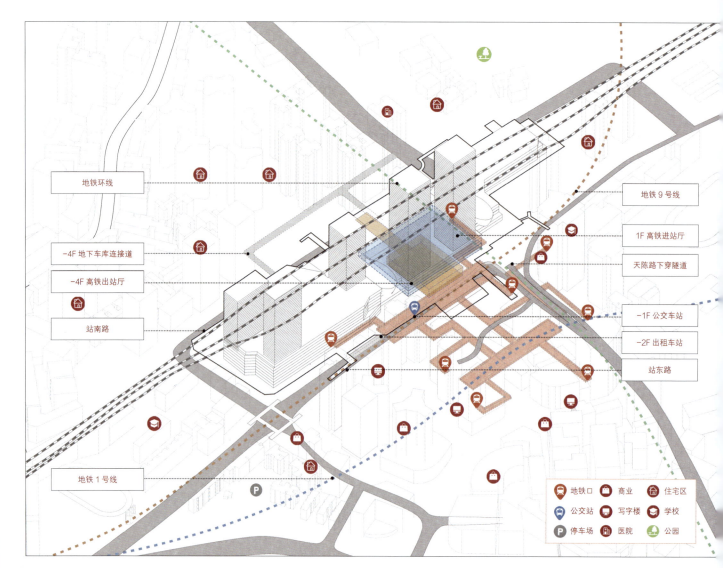

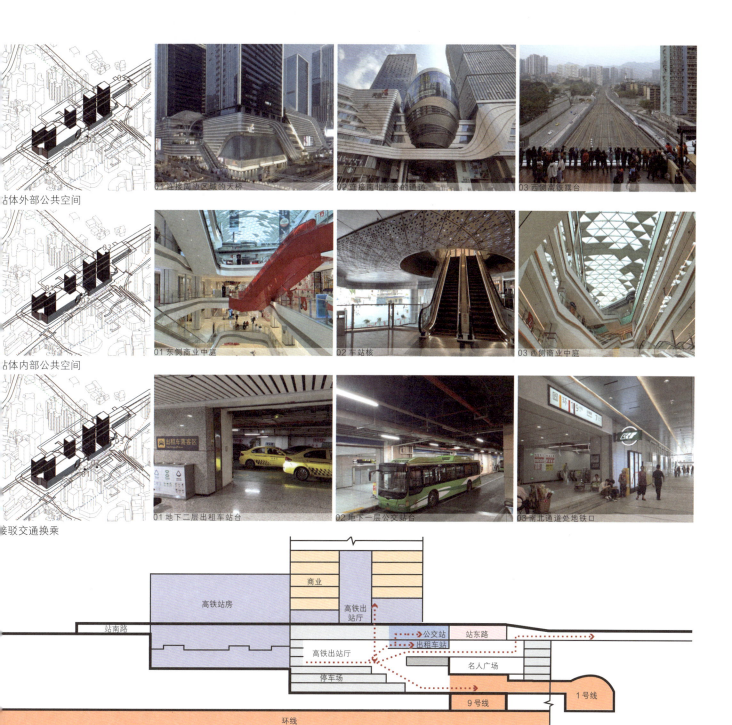

沙坪坝站剖面示意

053

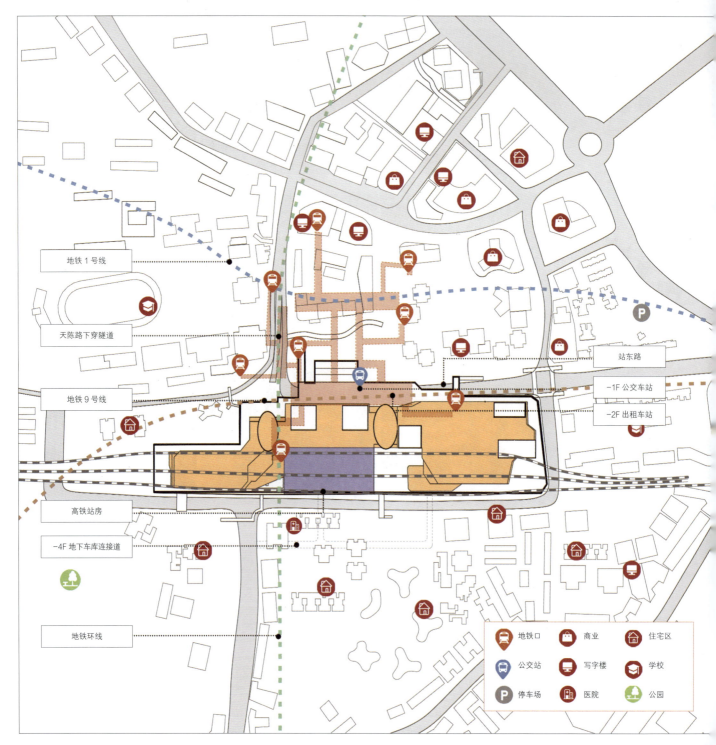

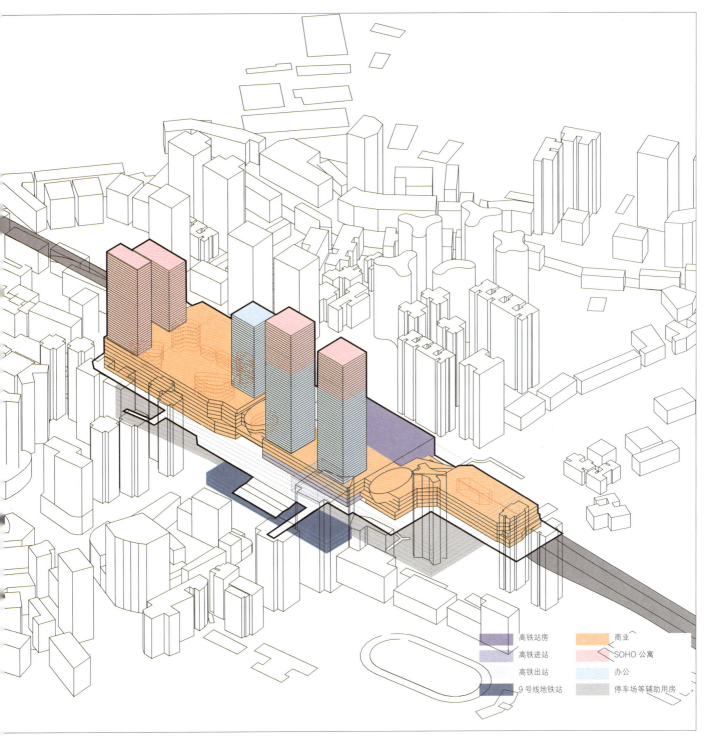

国外 TOD 调研案例

中央艺术坊站

项目位置：马来西亚吉隆坡苏丹路
项目业态：交通、文旅、商业、办公、酒店
建成时间：1998年9月1日（轻铁）
　　　　　2017年7月17日（地铁）
案例特色：格拉那再也线和加影线唯一的转换站，周边设有多个马来西亚著名文化遗产。交通换乘芙蓉线—巴生港线火车、加影线地铁、格拉那再也线轻铁、公交、长途汽车。

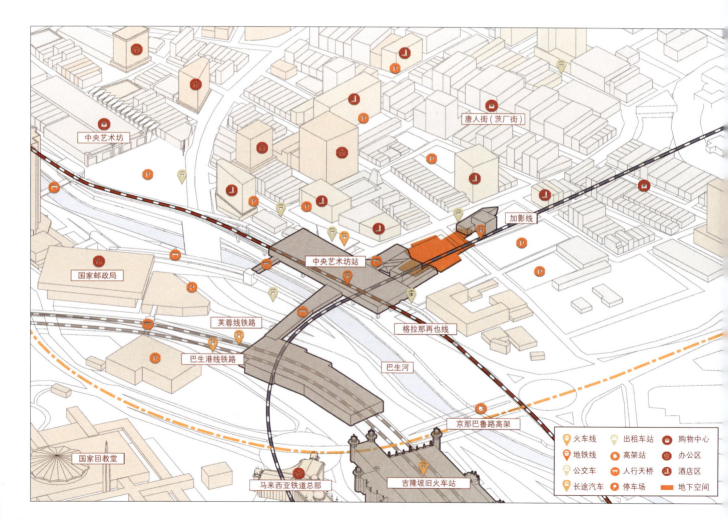

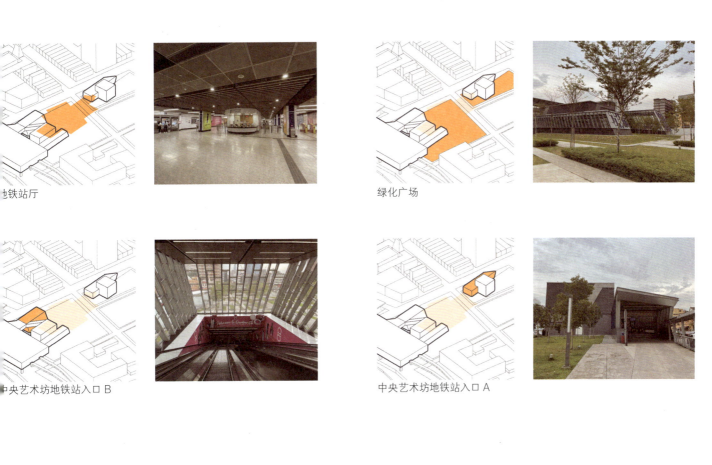

地铁站厅　　　　　　　　　　　　　　　　　绿化广场

中央艺术坊地铁站入口 B　　　　　　　　　　中央艺术坊地铁站入口 A

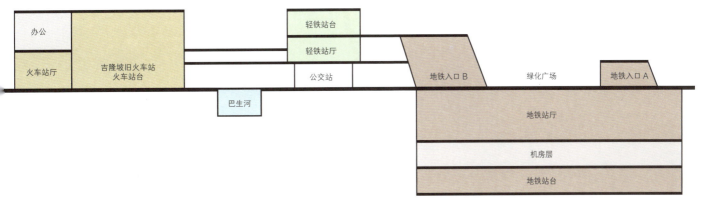

中央艺术坊站剖面示意

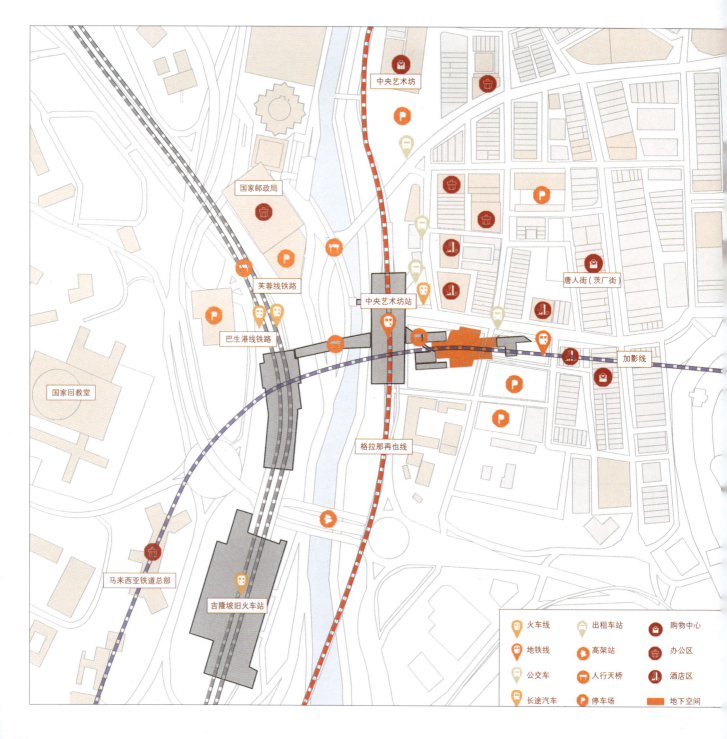

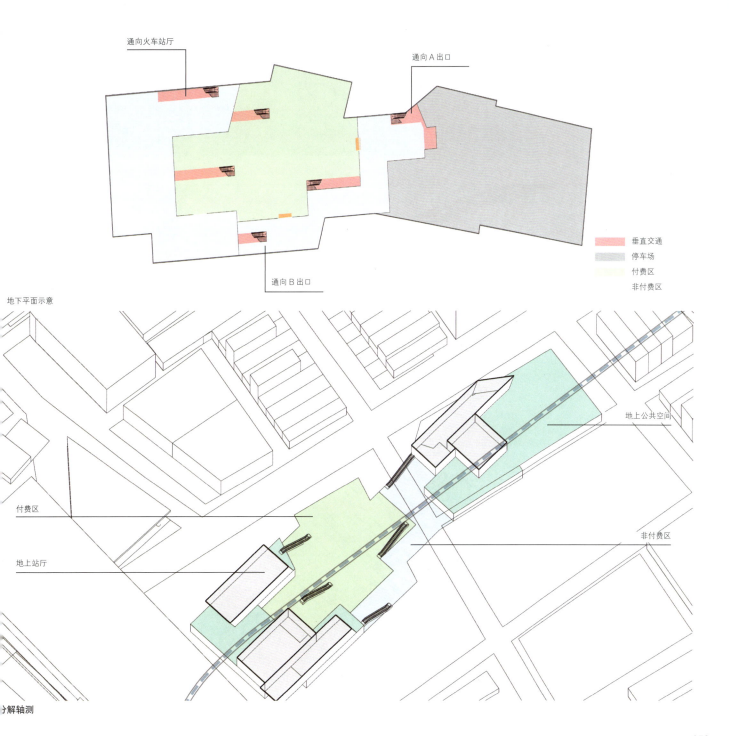

阪急梅田站

项目位置：日本大阪
项目业态：阪急百货大厦
启用日期：1910 年前后
案例特色：日本第一个"车站+百货商场"的形式站点，是日本 TOD 的先驱，在考虑人行网络的基础上巧妙地布置了商业设施。

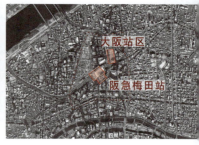

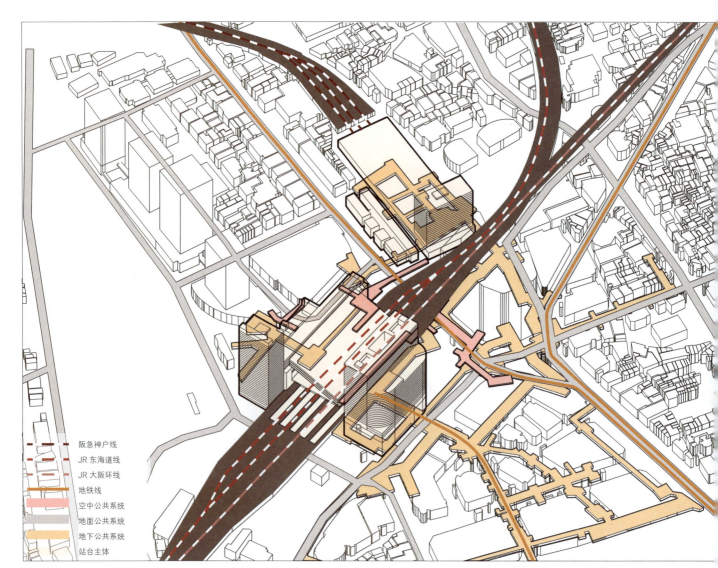

图例：
- 阪急神户线
- JR 东海道线
- JR 大阪环线
- 地铁线
- 空中公共系统
- 地面公共系统
- 地下公共系统
- 站台主体

站体内外的连通空间　　01 北楼北侧连续的大台阶　　02 与开敞的梅北广场连接　　03 梅北广场与连接的地下地铁空间

站体内部公共空间　　01 屋顶平台开敞的视野　　02 车站综合体的"取景框"　　03 站前综合体中庭的联通空间

接驳交通换乘　　01 大阪站东侧人行出入口　　02 巴士总站位于大楼的北侧口楼外　　03 出租候客位于车站大楼西南角

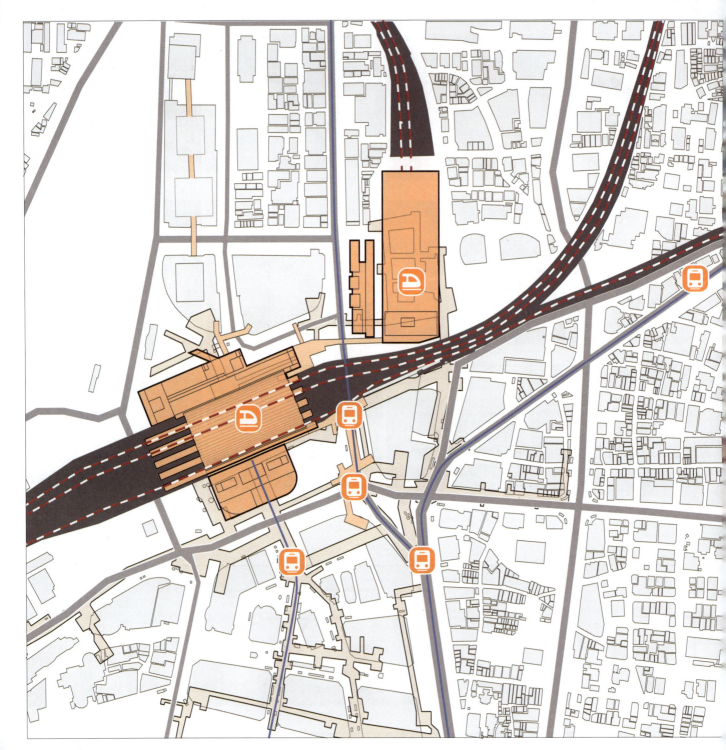

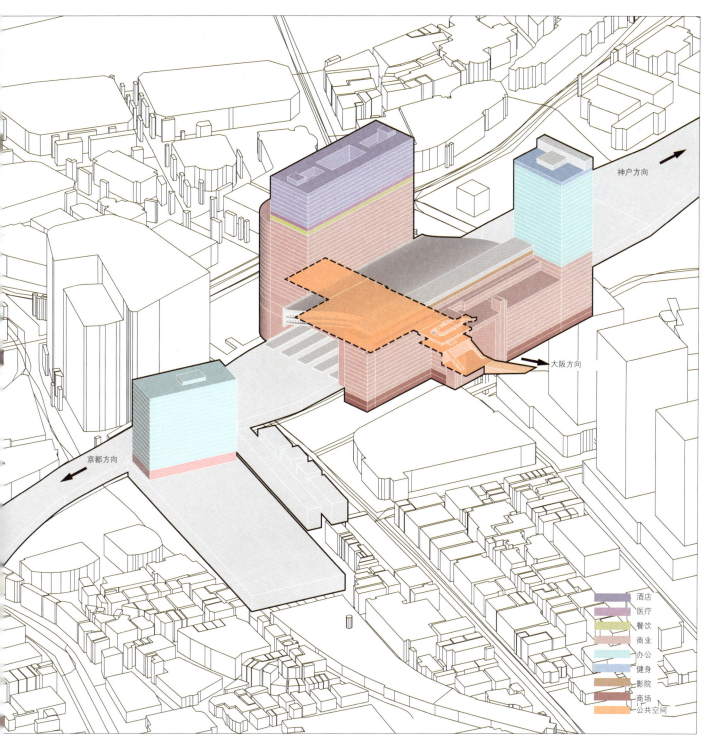

柏林站

项目位置：德国柏林蒂尔加腾区
项目业态：行政办公、商业零售、高档住区
建成时间：2006 年 5 月
案例特色：建筑强调轨道在城市空间中的走向；轨道分空中与地下两个标高，释放地面空间，换乘大厅钢架玻璃拱形顶棚全透光设计。

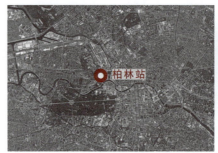

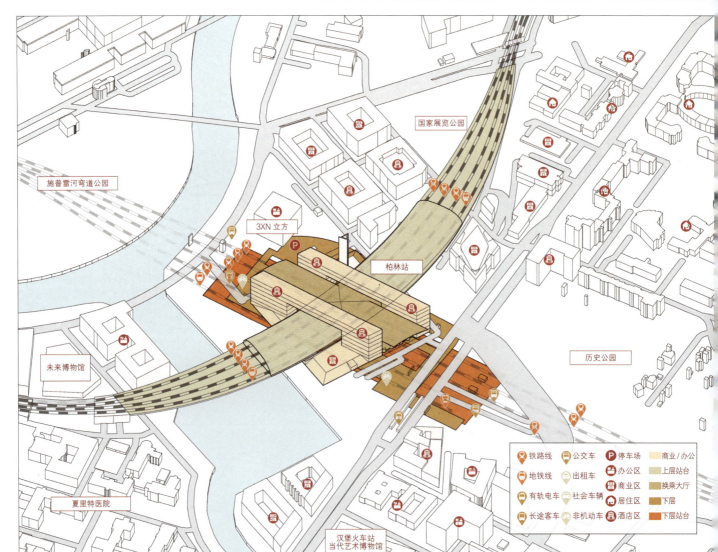

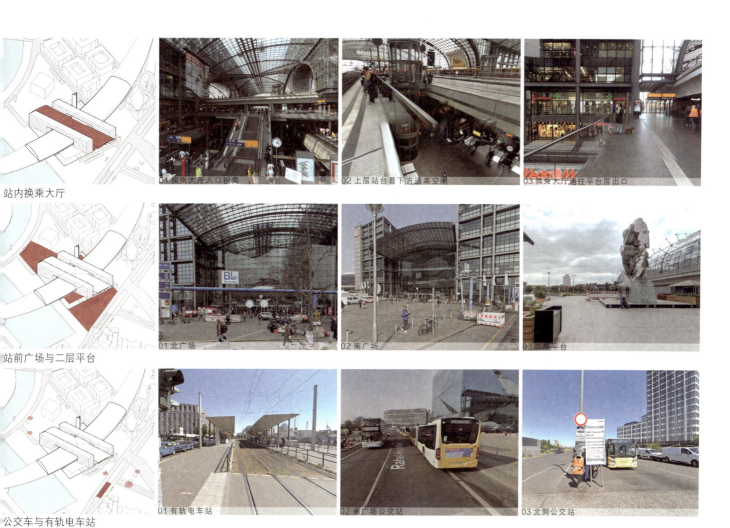

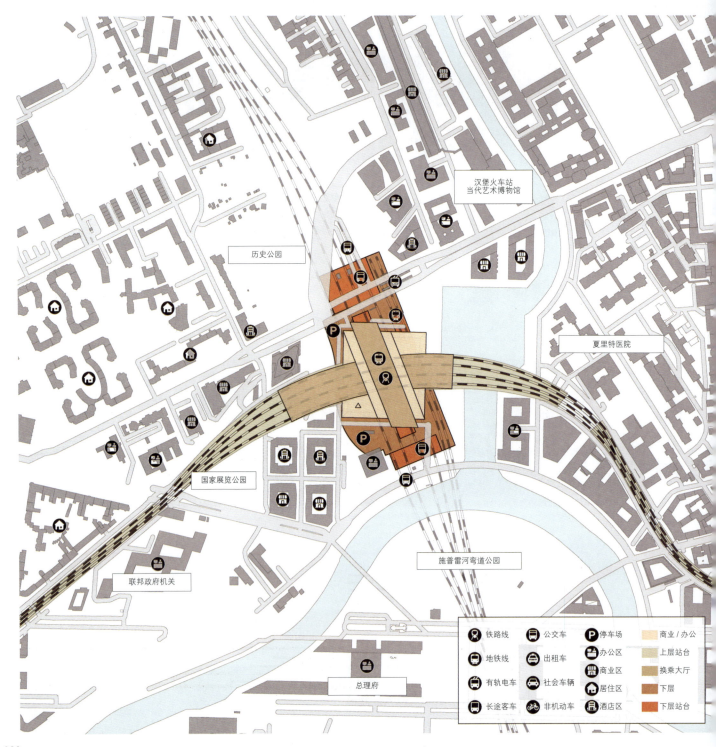

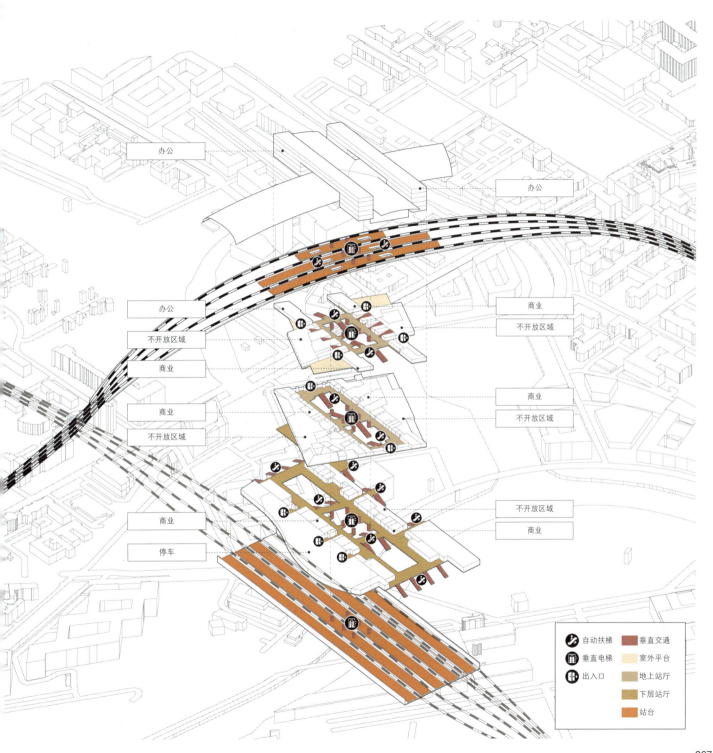

视　角

场地说明

基地选址为上海市普陀区上海西站南北两侧,包括现状西站南广场和长途汽车站地块。上海西站既是沪宁铁路线的枢纽,又是上海地铁 11 号线、15 号线以及未来 20 号线的三线换乘站,区位条件较好,是连接上海的西北门户站,周边以居住为主要功能,街区虽历史悠久,但因火车轨道割裂南北,无法形成合理高效的连通。在此背景下,如何基于已有城市开发设计经验及研究成果,结合场地历史特征,探索因地制宜的 TOD 城市设计策略,形成具有新时代特色与历史文化沉淀相结合的三维慢行空间,带动站点周边更为开放、联系、协调的地区发展,成为值得深入研究的课题。在三维慢行空间的设计基础上,可进一步从轨道交通站域空间的光线、流线、视线等不同的主题出发,通过一定的模式探索与量化数据优化,带来 TOD 站域创新空间的多维呈现。

本次课题聚焦以下主题:三维影响域、慢行系统、可达性、共享、日常连接。

关注要点

- 三维影响域(3D-Influenced Realm)
  交通接驳的等时范围内,不同时间圈层范围中城市公共空间的范围。

- 慢行系统(Slow-Traffic System)
  节点和路径的不同的空间特征,步行系统中不同的辐射圈层的圈层和连接的强弱关系。

- 可达性(Accessibility)
  从一个目标点到另一个目标点的容易程度,决定了公共空间的发展活力。

- 共享(Share)
  透过层级之间的功能、空间、交通、应用体系相互配合与联系,探讨信息时代下共享城市理念的 TOD 未来发展模式。

- 日常连接(Everyday Connection)
  "日常"因此不再是一个抽象的、大的概念,而成了一个可以被"混杂"问题诠释的场所形态。

文献

[1] 王建国.城市设计[M].3 版.南京:东南大学出版社,2011.
[2] 日建设计站城一体开发研究会.站城一体开发:新一代公共交通指向型城市建设[M].北京:中国建筑工业出版社,2014.
[3] 日建设计站城一体开发研究会.站城一体开发 II:TOD 46 的魅力[M].沈阳:辽宁科学技术出版社,2019
[4] 卡尔索普,杨保军,张泉,等.TOD 在中国:面向低碳城市的土地使用与交通规划设计指南[M].北京:中国建筑工业出版社,2014.
[5] 卡尔索普.区域城市:终结蔓延的规划[M].叶齐茂,倪晓晖,译.北京:中国建筑工业出版社,2007.
[6] 格兰尼,尾岛俊雄.城市地下空间设计[M].许方,于海漪,译.北京:中国建筑工业出版社,2005.
[7] 贝岛桃代,黑田润三,塚本由晴.东京制造[M].林建华,译.台北:田园城市文化事业有限公司,2007.
[8] 赛文随克.城市网络分析:城市中步行和骑行交通模拟工具[M].陈永辉,译.天津:天津大学出版社,2019.
[9] CALTHORPE P. The next American metropolis: Ecology, community, and the American dream[M]. Princeton: Princeton Architectural Press, 1995.
[10] PASSINI R. Wayfinding in architecture[M]. New York: Van Nostrand Reinhold, 1984.

红线范围

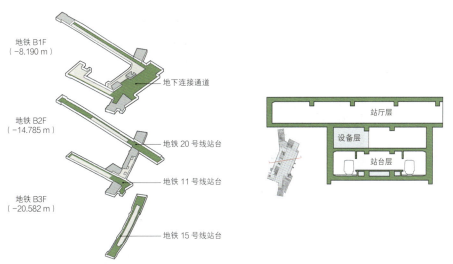

站点信息

课程结构

周次	1	2~3	4~5
		研究	
目标	理论研究	理论研究 概念设计	模式研究
内容 研究 讲座 调研 设计 答辩	TOD 基础知识 基地调研 TOD 案例解析	相关理论解析 法铁 TOD 主题讲座 第一轮概念草图汇报	TOD 慢行空间设计模式探究 日建设计案例分享 上海考察汇总分享
成果			

6~7	8	9~11	12
		设计	
初步设计	中期答辩	深化设计及表达	终期答辩
地铁站及综合体设计 日本 TOD 及城市综合体 方案初步设计与解析	外请嘉宾讲座 方案设计指导 中期答辩	基于前期概念的深化设计 相关图表、系统与空间的设计	成果表达与深化 终期答辩

HA！TOD
Manual of "Hybridity Anarchy" in Shanghai West Station

DING Hanlin
WANG Zhenyi

HA！TOD
TOD 模式下上海西站以混杂唤醒日常的指南

丁瀚林
王真逸

图1 城市混杂场所：车站小区中的抗战纪念碑　　图2 城市混杂场所：五角场"彩蛋"地下广场的随机活动

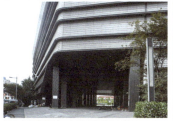 

图3 绿地缤纷城：空旷且阴暗的车道　　图4 绿地缤纷城：日常却略显凋零的辅助场所

两点观察："混杂"和"日常"

TOD设计课的上海调研和设计，要从我们观察到的一组"对称的"场所类型说起。这组"对称的"场所类型其一是上海西站车站小区中的抗战纪念碑庭院（图1）和五角场"彩蛋"地下广场的观演场所（图2）；其二是在绿地缤纷城中观察到的冷清的辅助空间（图3、图4）。二者都是由一种日常活动和非日常的空间场所组合而成的，但明显构成了一种对称的、截然不同的场景。

绿地缤纷城拥有完整而精致的商业空间和办公楼，出于对运作效率和环境的考虑，消费空间配套的设备设施、快递运输、垃圾转运等辅助空间，被集中、疏离到了场地一角。由于缺少人的经过和活动，这些空旷留白的大而泛的空间显得十分萧条。而在车站小区抗战纪念碑广场上，我们能观察到一种在全局视野和微观凝视下混合而充满张力的结构。在全局的视野中，小区住宅楼内的寻常生活和抗战纪念碑广场中的纪念活动形成了一种反差的预设；而在微观的凝视下，二者的空间却仅以一种简单的围合关系组织在了一起。五角场"彩蛋"地下广场也是同样的道理，只不过空间的结构组织从围合变成先围合再交织，呈现出更复杂的状态。同时，五角场中心没有拒绝高架和环岛的车流，反而将其接纳为广场表演空间的"观众"。

"日常生活"在日复一日的车水马龙与广场临时表演的混合和反差中被不断地重新解读。

疏离不混杂，日常不寻常。"日常"不再是一个抽象的、大的概念，而成了一个可以被"混杂"问题诠释的场所形态。一方面，本次设计场地位于上海西站，场地的前身是暨南大学旧址，场地经过拆迁后仅余两座历史建筑孤零零地竖在场地东西两侧；同时周边的住宅、学校和商业配套的比例较不均衡，城市功能较为单一，市民的公共活动都在间隙空间中进行，当然这本身也是一种混杂日常的状态。另一方面，TOD中的商业空间是在城市再开发中提升城市活力的必要工具，但这并不意味着每一种场地都采用一种固定的消费和休闲的模式。因此，问题在于，如何进一步诠释上海西站场地的特性，以及在这个特殊的场地中找到商业空间带来的均质和异化与历史的、公共的活动空间的日常性之间的平衡点，甚至创造一种独特的基于TOD的城市空间。

"混杂"毫无疑问是一个很好的视角，而本次设计也将从对"混杂"的诠释、以混杂的视角解读场地和研究以往"混杂"在城市中的操作应用开始。

研究 | 场地分析

桃浦副中心 / 场地 / 真如副中心 / 上海市普陀区	场地
	拟建地铁 —— 现状路网 —— 现状地铁 ● 公交站点
场地	场地
—— 新肌理 —— 老肌理	■ 多层居住小区 ■ 高层居住小区 ■ 城市自然绿地 ■ 城市商业

研究 | 概念分析

```
观察缘起 ──────────── 场地分析 ──────── 区域交界 现状复杂
   │                     │
   │                     │              文脉遗失 秩序失衡
混杂事物共存  混杂事物割裂
   │                                    交通混乱 换乘不便
   ├── 未归置的混杂状况 ×
   │   居民对日常的漠视 ──── 发现问题    缺乏设施 无法集聚
   │
   ├── 有机的混杂状态 √                  场景枯燥 感知麻木
       日常生活的创造 ──── 提出概念
                            │
          ┌─────────────────┼─────────────────┐
       理论研究                            案例研究
          │
   日常生活理论    TOD设计5D原则
   合理的混杂能唤    高密度开发 Density
   醒场地的生命力    用地多样性 Diversity
   设计能激发日常    合理的设计尺度 Design
   生活发生的场所    交通换乘距离 Distance
                  目的地可达 Destination
          │
       四大维度
          │
   时间叠加 交通耦合 功能复合 感知联动
          │
                                        三个原型
          │
                  ● 重构薄弱环节，修补城市系统
       多重价值  ● 再现历史痕迹，唤醒场所记忆
                  ● 共创产业集聚，提升经济效益
                  ● 增值交通体系，再创真如辉煌
          │
       设计机制
```

研究 | Hybridity 案例手法提取

交织

TOD 类型：
泽布吕赫站

东京制造：
运动大桥

手法提取：
空间的交织

延展

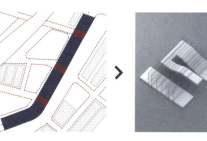

TOD 类型：
京王线调布站条形广场群

东京制造：
高速公路百货公司

手法提取：
空间的延展

聚合

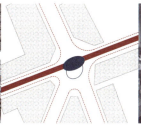

TOD 类型：
上海五角场地下广场 + 彩蛋

东京制造：
戏院大楼

手法提取：
空间的聚合

设计 | H+A 生成分析

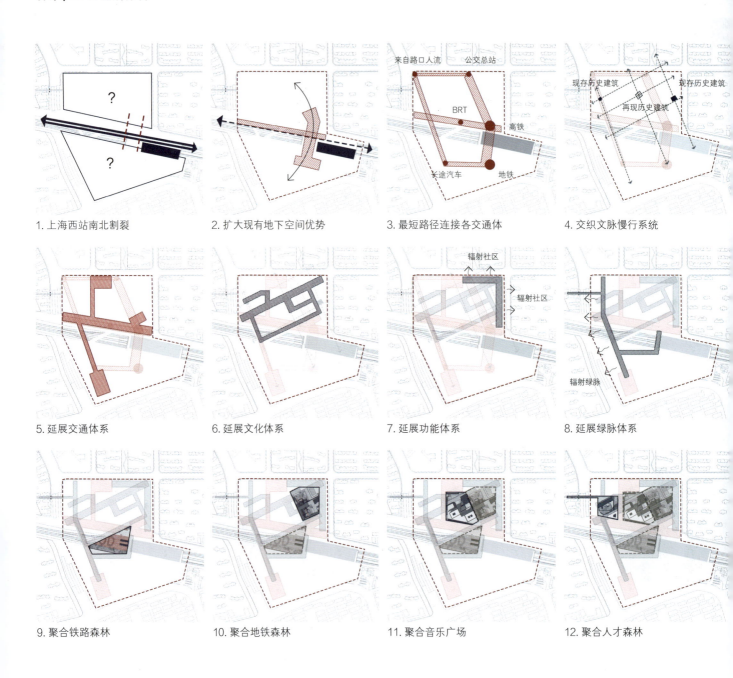

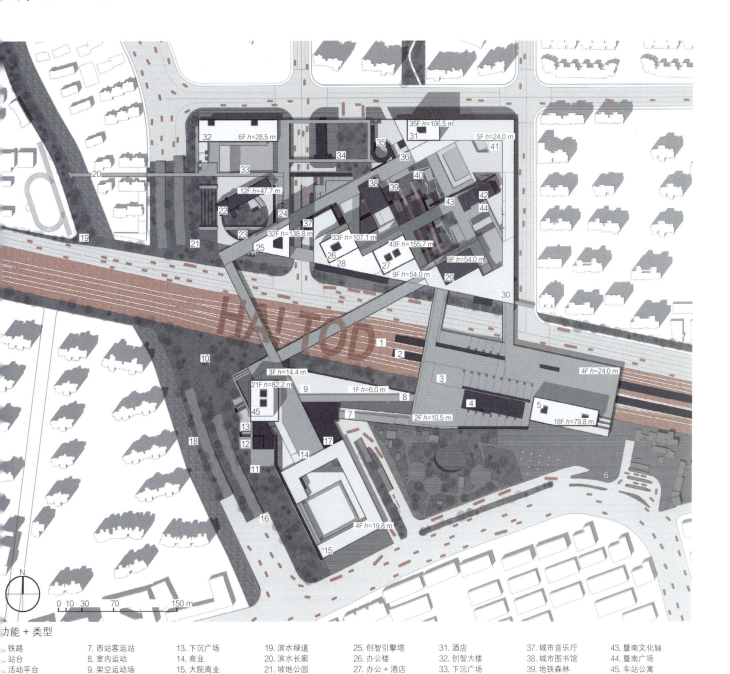

分析 | Hybridity 功能流线

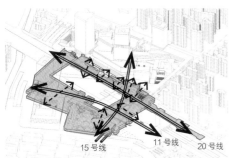

1-1 11、15、20号线三线换成地铁环：
我们将地下原本的"C"型换乘空间补全成环，将南北空间拉结通顺。

1-2 城市观察桥：
创造斜向的桥体在场地北侧重塑真如历史秩序，并作为通道将人流快速疏散到各新类型的场所中。

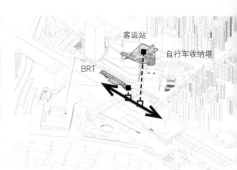

1-3 北侧地面交通 BRT+ 客运站 + 自行车收纳塔：
在场地中建立快速通道直通场地北侧的客运站和自行车收纳塔。

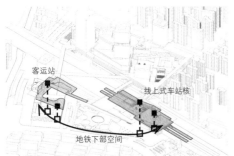

2-1 南侧地面交通客运站 + 线上式西站改造：
借由新的环形地下空间，向上与客运站、车站对接换乘。

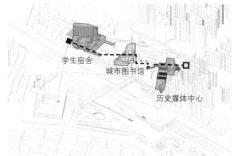

2-2 三段式 学生宿舍 + 图书馆 + 历史媒体中心：
在历史肌理中抽取暨南大学的建筑记忆，重塑并置入场地形成多个场景核，同时用趣味步道联系。

2-3 挖开地铁的舞台 + 剧场：
我们不愿意忽视真实运作的场所，在商城办公地下层附近创造剧场，挖开地铁建立环形森林。

3-1 南侧公共界面：
南侧场地的公共界面从旧的西站站场向上延伸至站体屋面，并跨越铁路与场地北侧的商业界面连接，公共界面上也将布置各类型的活动空间。

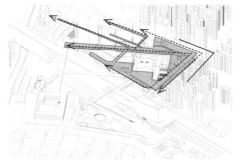

3-2 北侧公共界面—快速通道：
北侧地块内部回应周边社区，建立"U"型的方便快捷的生活服务设施。

3-3 北侧公共界面—慢行广场：
围绕场景核和快速通道向周围切割生成慢行广场。

分析 | Hybridity 混杂指南 +Anarchy 唤醒日常的模式

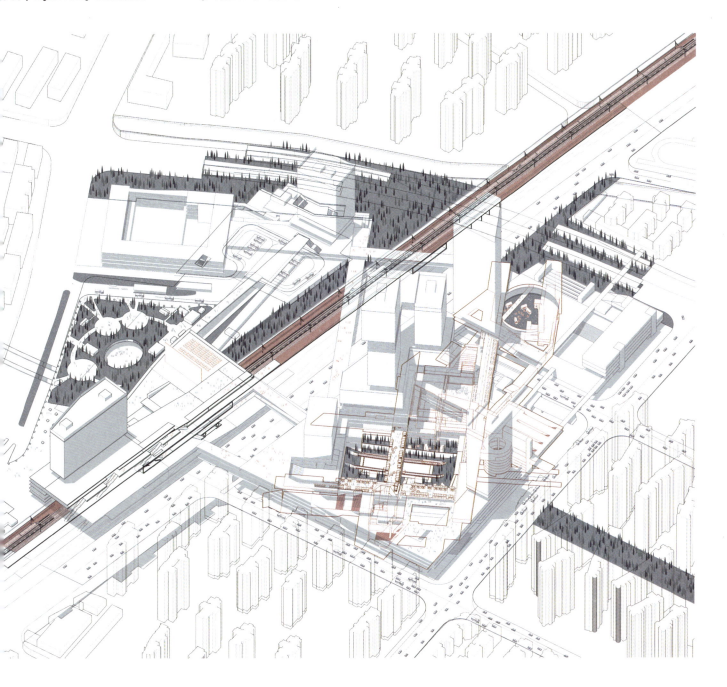

H · Hybridity 指南

A·Anarchy 指南

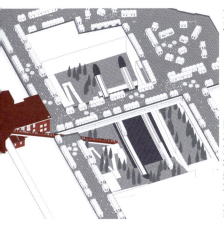

交织 Anarchy-A
主题商业展

围绕地铁向上的空间依次为：-25.0~20.5 m：交通接驳层；-14.7~8.1 m：地铁环形森林；-8.1~0 m：森林盒子（慢性休憩的景观场所）；0~15 m：历史媒体中心+暨南文化轴（主题性的商业展销）

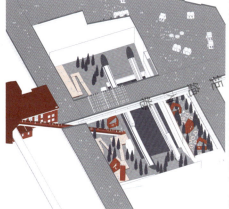

交织 Anarchy-B
文化游行和森林聚会

围绕地铁向上的空间依次为：-25.0~20.5 m：交通接驳层；-14.7~8.1 m：地铁环形森林；-8.1~0 m：森林盒子（主题商业的聚会场所）；0~15 m：历史媒体中心+暨南文化轴（体现文化的表演游行）

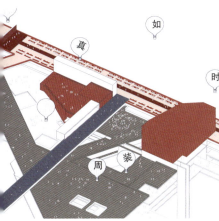

延展 Anarchy-A
商业走秀

连接商业的桥体由于其长度和可达性被作为时装周T台，其活动将延展到各个场景核：图书馆、剧场产生的不再是纯粹的消费，而是大众活动的选择性消费或是纯粹的活动。
T台、图书馆和剧场都是TOD交通接驳的重要经过场景。

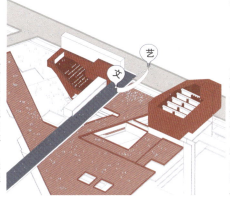

延展 Anarchy-B
公众表演

剧场、图书馆在日常的时候对外开放，二者与中间的广场构成一个连通的超级剧场，一种类似的TOD在这种混杂的情况中展现了剧场都市主义的超现实场景。在这个TOD必经的交通核的场景里，公众的自发活动成了表演，人人都是观察者。

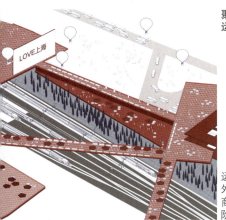

聚合 Anarchy-B
运动的人，运动的高铁

运动中的高铁，周边是室外健身场所、活动购物的商场、办公楼界面，以及阶梯咖啡厅。

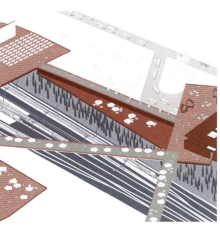

聚合 Anarchy-A
城市人民的电影

高铁的铁路场所成为崭新的城市视野，围合它的场所也构成了高铁目光所至的观众席。在沿着公共界面延伸至铁路正上方所"放映"的超大露天"电影"中。高铁的每一次经过也成了一次参与。

分析 | 地下空间平面图，模型照片和城市剖面

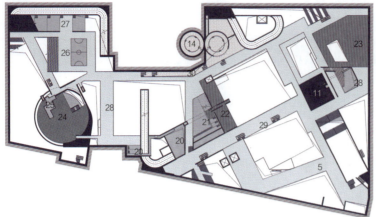

标高 −4.200 m 平面图

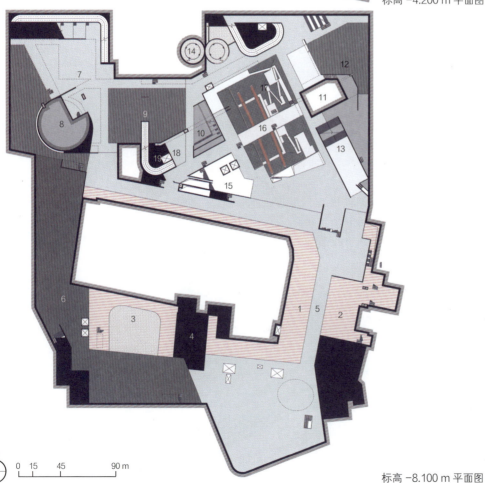

标高 −8.100 m 平面图

1. 地铁付费区
2. 高铁付费区
3. 客运站付费区
4. 设备
5. 弹性商业核
6. 固定商业轴
7. 市民活动中心
8. 土壤博物馆
9. 商场
10. 图书馆
11. 历史建筑地基
12. 菜市
13. 文化广场
14. 自行车塔
15. 办公核
16. 暨南文化轴
17. 地铁环形森林
18. 商场
19. 商场储藏空间
20. 城市观察器
21. 城市图书馆
22. 弹性商业带
23. 生鲜市场
24. 圆形森林
25. 历史建筑
26. 运动广场
27. 弹性商业阶梯
28. 学生活动中心
29. 暨南文化轴
30. 公交站付费区

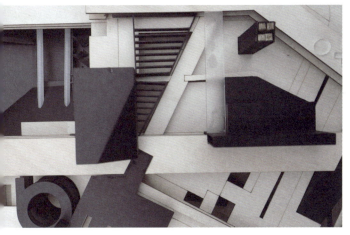

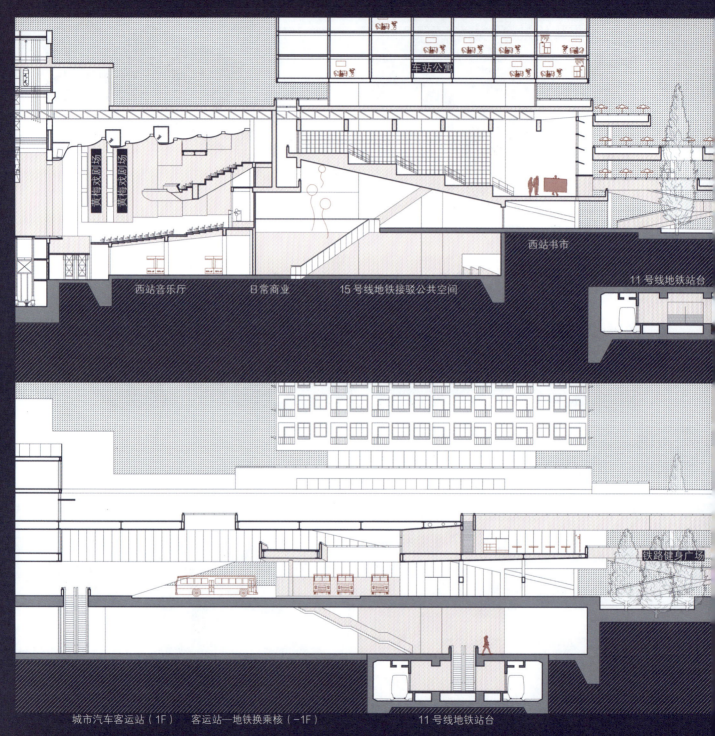

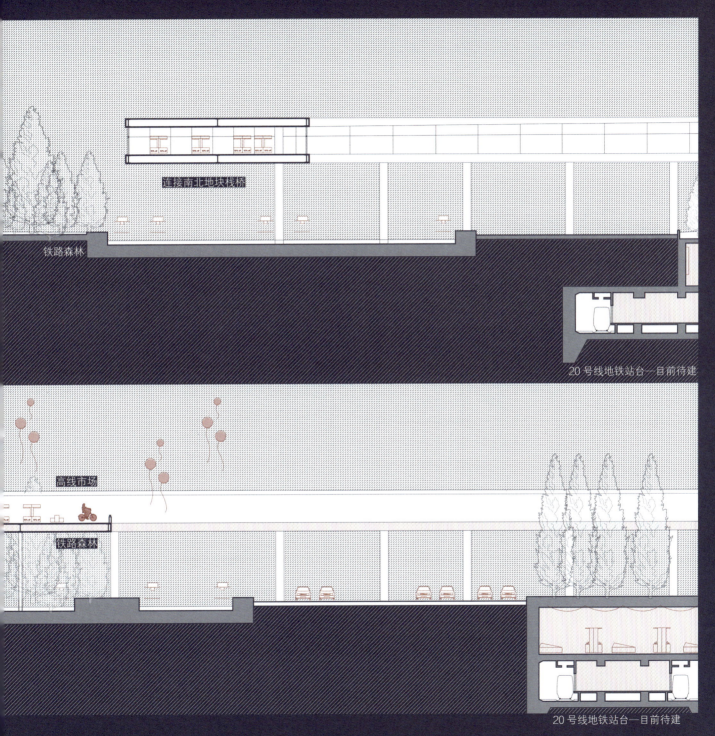

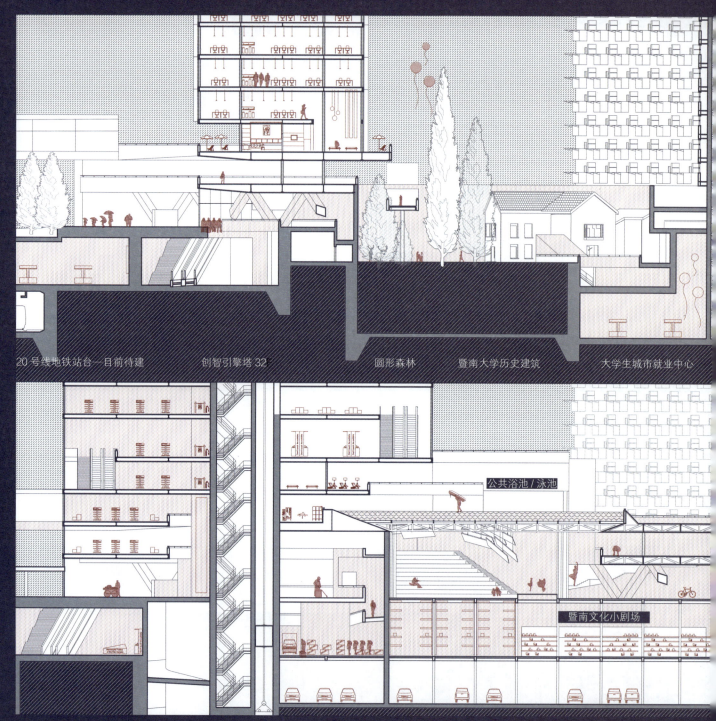

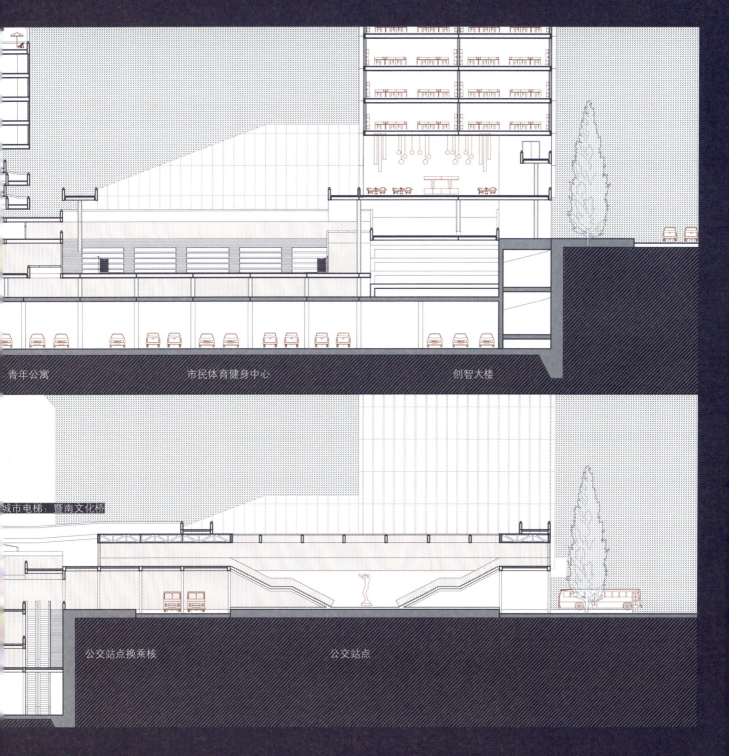

GLUE

SONG Yueju
ZHANG Lei

黏 合

宋越居
张　磊

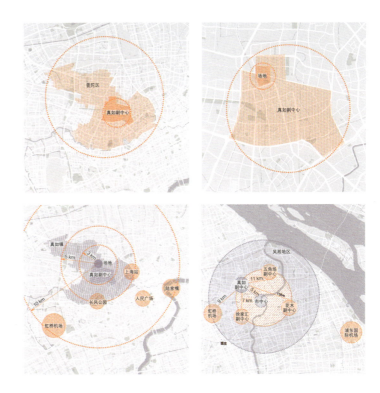

场地区位及优劣概述

上海是中华人民共和国省级行政区、直辖市、国家中心城市、超大城市、上海大都市圈核心城市,国务院批复确定的中国国际经济、金融、贸易、航运、科技创新中心。上海地处中国东部,长江入海口、东临东海,北、西与江苏、浙江两省相接。普陀真如作为上海市"最后一个"副中心,其发展严重落后于同期其他同等级区域,也因此受到了一定的重视。真如副中心距上海市中心仅5 km,其周边10 km范围内涵括了上海虹桥枢纽、徐家汇副中心、五角场副中心等重要节点。虽然名为副中心,但其发展状况往往只能与莘庄等相提并论。作为曾经被遗忘的一角,真如的发展迫在眉睫。

以场地为中心,向外扩张3 km、5 km、10 km范围,分别可达上海站、长风公园、人民广场、上海虹桥机场(枢纽)、陆家嘴等重要区域。作为真如副中心的北侧顶点,其发展可能带来的辐射影响不可小觑。

结合上位规划可见,场地周边以居住区域为主,另有少量的公共服务、办公、商业等功能伴随,总体来说功能并不能满足当地居民的需求。由此可见,上海西站地块具有巨大的开发潜力。

问题陈述与概念提出

本案研究场地呈现地理(铁路横穿场地)、社会(地下通道多数作为换乘使用,仅发挥"通过"的作用)、心理(上海西站为降低噪声干扰建立高墙,隔绝两侧居民)等各种意义上的割裂,但因为其具有三线地铁与铁路交会的特点,所以拥有极大的社会价值与经济价值。

为了解决场地各种层面上的割裂问题,我们提出"黏合"这一概念,希望通过不同的"黏合"方式,将破碎的场地重新整合,将失落的历史与活跃的现代活动黏结,将场地不同层级、不同形态的交通方式黏结,将居民与场地黏结,活化场地的同时为居民的生活带来便利。

场地现状

多元混杂

三线地铁

文脉失落

铁路穿行

环境杂乱

理论梳理

设计维度

研究要素	设计维度	TOD 未来
衔接／过渡／中介空间 城市触媒／逗留景观 人性城市／文脉空间	城市空间 行为活动 文化心理	圈层连片 社会效益 城市更新

中介空间

连接要素	连接模式	优化策略
空间 交通 标志物	线—通道 面—广场 立体—中庭	空间回流 空间网络 区域一体

城市触媒

形式	具象	虹桥机实践
点触媒 线触媒 面触媒	公园 街道／滨水 片区	界面效应 壁龛效应 视野景观

点—轴—网城市圈层结构

轴向集约高效换乘 换乘空间开敞可视 公共空间立体多样 城市空间内向引入	无缝衔接 可见即可达 多样人群偶发行为 社会效益

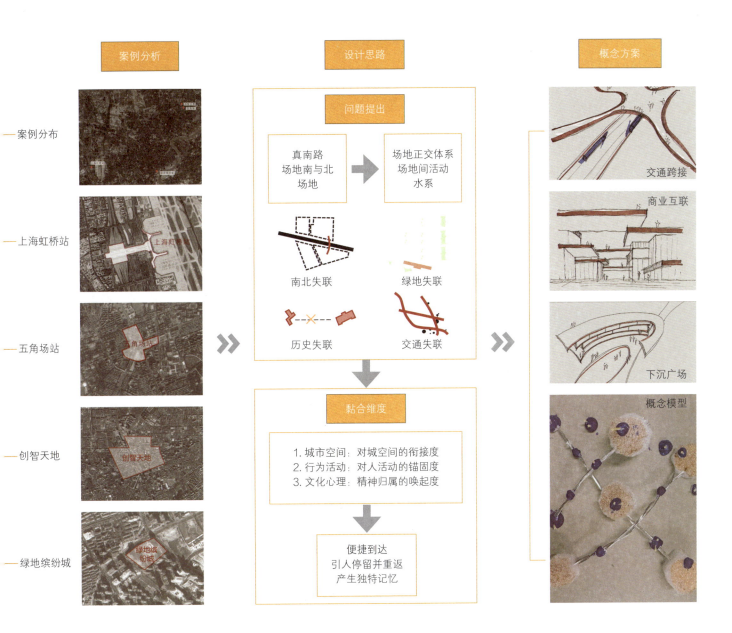

1. 道路系统

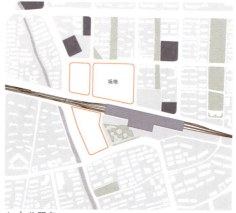

2. 地铁现状

3. 住区分布

4. 办公服务

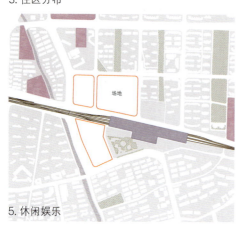

5. 休闲娱乐

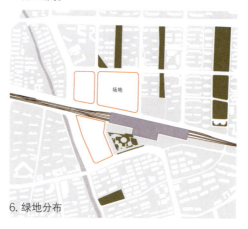

6. 绿地分布

问题陈述

1. 结合上位规划可见，场地周边被大量的居民区环绕，场地有着重要的南北过渡连接的服务功能。

2. 在调研过程中发现，大多数居民或上班上学的人仅以通过为主，而地下穿行场地的体验感也差强人意。

3. 周边步行范围内的基础设施正在建设中，办公酒店、教育等服务功能缺乏，故场地具有极大的商业开发潜力。

4. 周边有绿化带绿轴，但总体来说景观缺乏，且断裂不成体系，难以满足居民或其他有需求的群众的生活要求。

5. 场地南北被铁道物理分割，两侧地块距离感严重。场地中及附近有 11 号线、15 号线以及正在规划建设中的 20 号线三条地铁线交会，是交通换乘的重要区域。

方案生成

1. 考虑场地的保留要素，即两个保留建筑、不可避免的铁道以及三线交会的枢纽地位，还有场地西侧的桃浦河。

2. 结合场地要素，将桃浦河、长途客运站、地铁 15 号线、上海西站以及北侧绿化带相连接，形成核心环空间。

3. 置入主体结构之后，通过连廊与坡道连接 3 个地块。（本方案始终将长途客运站所在场地纳入考虑范围）

4. 根据黏合性质的接触面原理会将场地划分为 100 m 见方的网格体系并形成小街区互相渗透。

5. 在对应的街区内进行上下一体化的再考虑，并结合多地块开发的模式，形成最终方案。

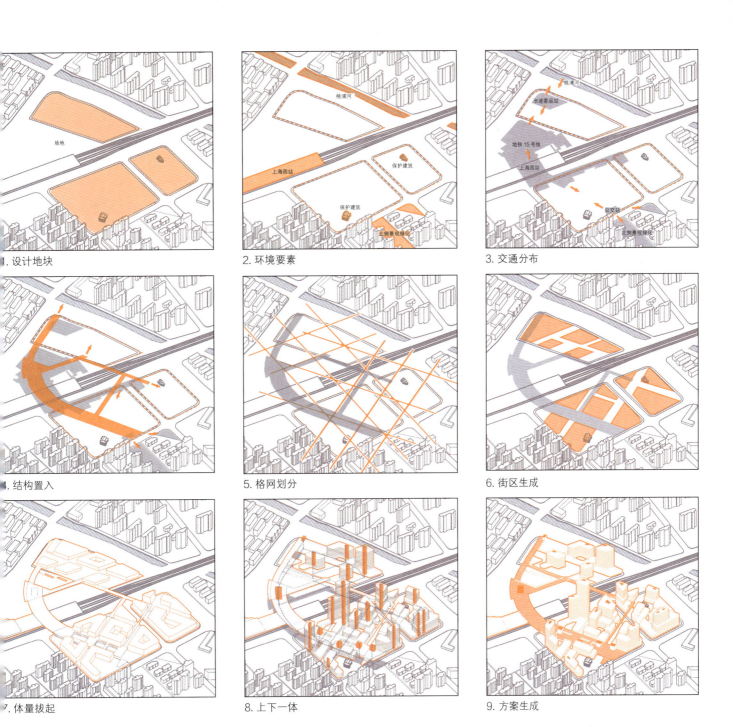

总平面图

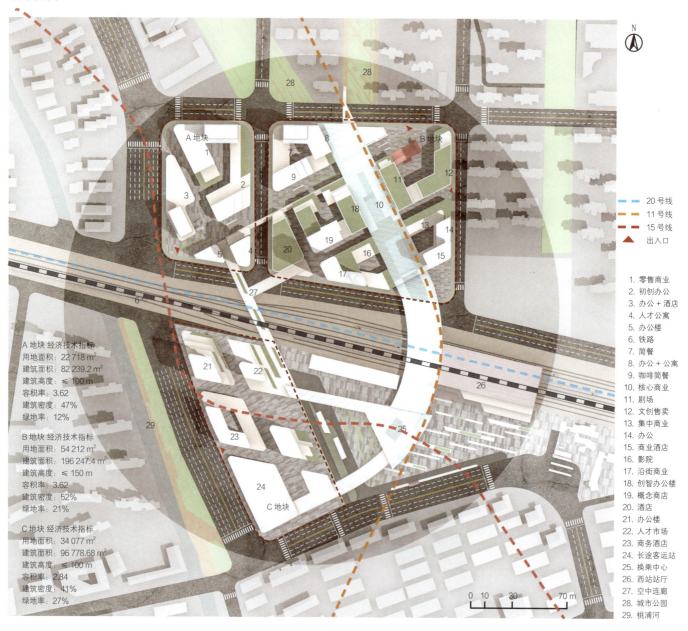

功能分区

地面层功能分区

地下一层功能分区

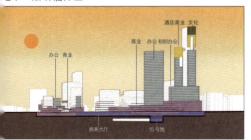

剖面功能分区

模式模块

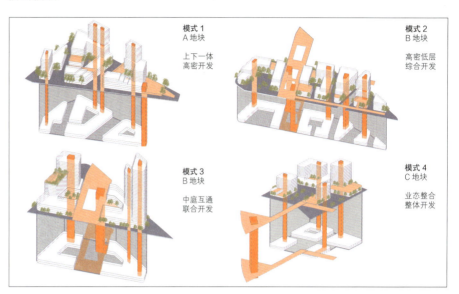

模式1 A地块 上下一体 高密开发

模式2 B地块 高密低层 综合开发

模式3 B地块 中庭互通 联合开发

模式4 C地块 业态整合 整体开发

可达性对比

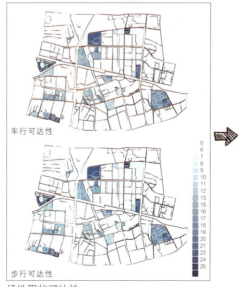

场地现状可达性

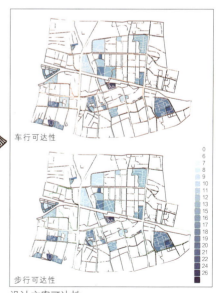

设计方案可达性

整体鸟瞰图

不同公共空间的空间类型、功能配置及空间关系不尽相同，空间中的可逗留性是吸引人群以及黏合周边的重要因素。对不同属性场所及其产生的不同社会关系进行综合分析，可以发现空间吸引力的深层来源以及给城市景观带来的"以点带面"的影响。本方案具有城市微更新的性质，我们注重"自下而上"地触发机制，让场地"活"起来。

慢行系统作为轨道交通衔接方式中的末端方式，应充分体现精细化、人性化特征。本案除了重视轨道交通换乘的衔接之外，对公交、出租车、小汽车等机动化交通方式的换乘规划也做了相应的研究与回应。

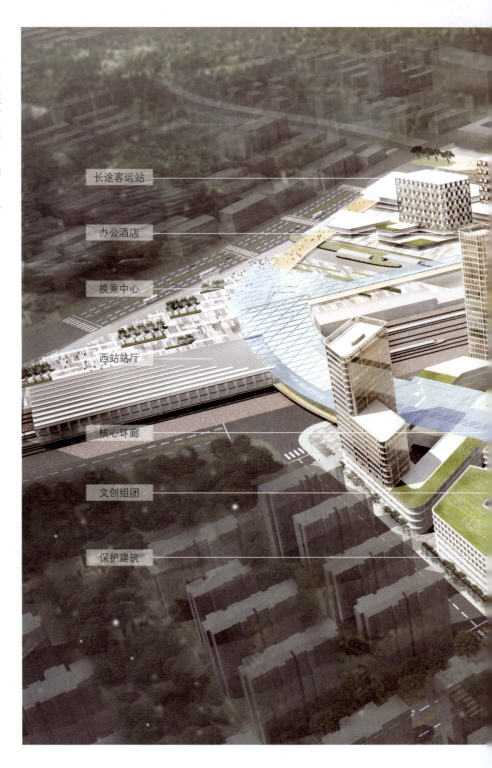

过街天桥视角

办公商业视角

城市公园视角

核心环廊视角

交通系统轴向分解图

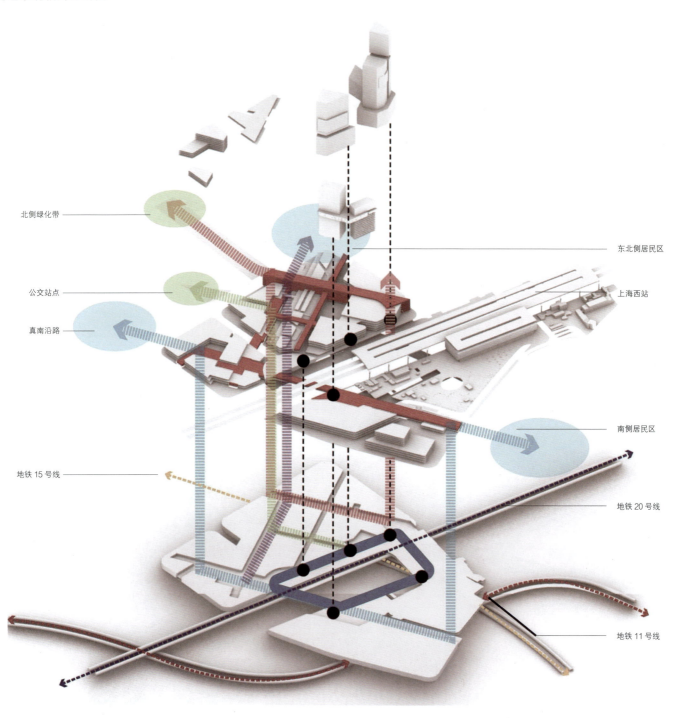

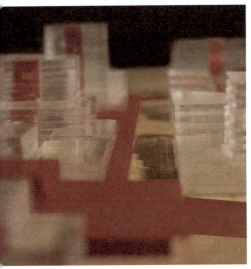
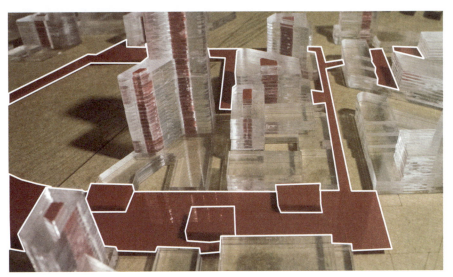
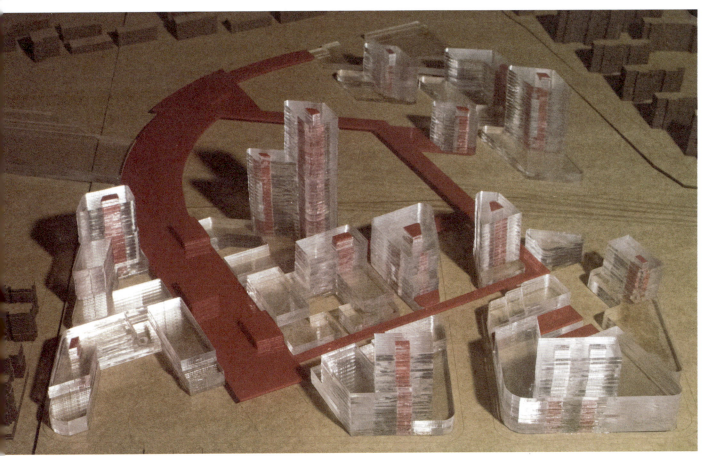

Green Valley in Urban: TOD+POD

WANG Yanmeng
CHEN Huawen

城市绿谷：TOD+POD

王妍蒙
陈华雯

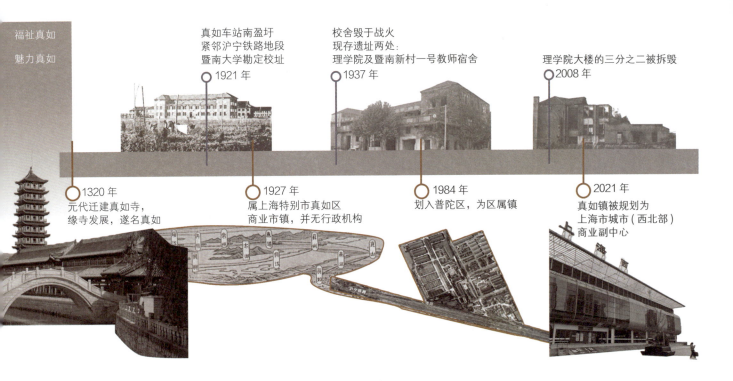

设计说明

真如板块位于上海市普陀区,最初以上海西站为核心开始发展——西站是上海铁路枢纽的重要组成部分,同时也是京沪铁路、沪昆铁路和沪宁城际铁路的中间站。西站始建于1905年,1907年正式投入使用,初名真茹站,后经数次更名与改造,最终在2010年完成更新。

随着城市化进程的推进和建筑的扩张,自然空间在被不断地压缩,这使得建筑和自然呈现出"我进你退"的关系。为改变这种状况,设计师们一直在尝试着进行生态建筑的探索,在TOD的发展和人们的生活向着更节能低碳的方向前进的过程中,衍生出POD(TOD+Park)的概念。2020年我国提出"双碳"目标,因此怎样响应政策号召,降低碳排放、实现节能成为我们此次TOD设计关注的重点。我们以"城市绿谷"为主题,采用Ecotect模拟分析软件辅助完成设计,在实现各站点间高效换乘的同时,力求营造舒适的人行环境,降低建筑能耗,实现人、建筑、自然的和谐统一。

在绿色建筑研究的背景下,本次设计提出一套基于场地条件与当地气候条件的设计—模拟—再优化的整体化设计流程,主张建筑是技术与艺术的结合,在设计过程中把握设计的主导权,在具体的方案与数据分析之间建立联系。以一次课程设计为例,其在设计过程中采用整体化的设计策略,考虑当地气候条件,充分利用自然资源,通过软件模拟改善和优化整体布局及建筑设计,从而提高室外环境舒适度,降低能耗。

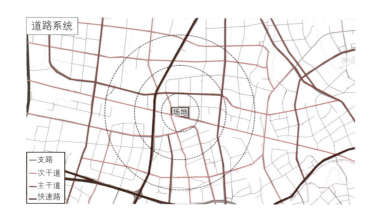
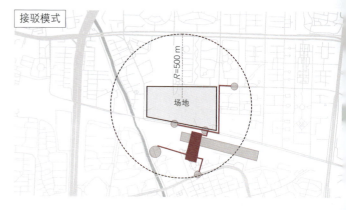
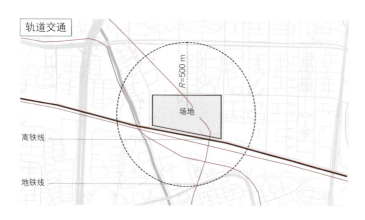
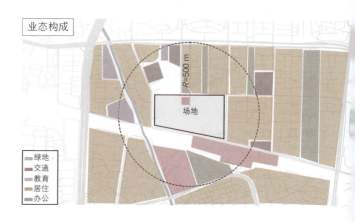
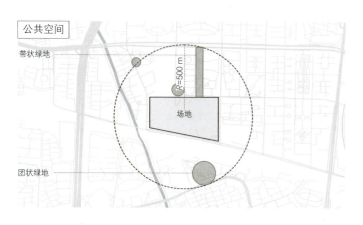
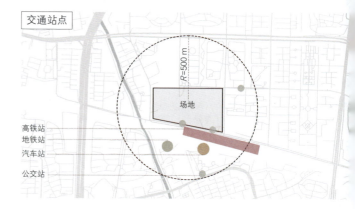

区域规划愿景

绿色生态
建立绿色通廊，形成适合慢行休闲的城市绿谷；

软件模拟以降低建筑群能耗。

社区友好
对于北侧社区，在尺度上以小体量建筑呼应；

在功能布置上，考虑附近人群的需求。

沟通连接
形成地下连接通道，实现快速换乘；

形成空中廊道，沟通南北地块。

Past | Now | Future
[国立暨南大学旧址]
[闲置空地，轨道交通站点]
[活力中心，高效连通]

TOD+POD
[以公共交通为导向]
[以城市公园等生态基础设施为导向]

1. 保留历史建筑，回应历史轴线，加强历史场景感的塑造。
2. 合理布置建筑功能业态，合理规划开发强度，形成商业活力中心，同时服务周边居民等人群。
3. 形成快速的换乘路径，便于通勤。
4. 以绿色生态为主题，通过软件模拟降低建筑群能耗。

A. 绿色发展
开发强度—空间组织—业态功能
整合城市空间与生态空间

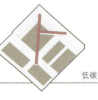
B. 绿色交通
快速—慢速—聚集空间
低碳交通模式，减少机动车依赖

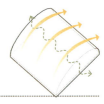
C. 绿色技术
软件模拟——被动式设计
减少能耗，提高人体舒适度

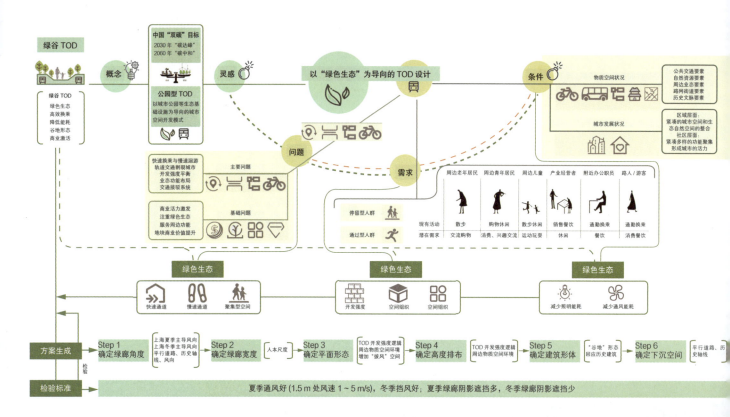

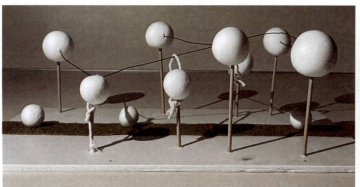
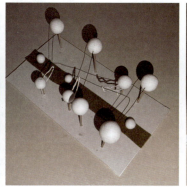

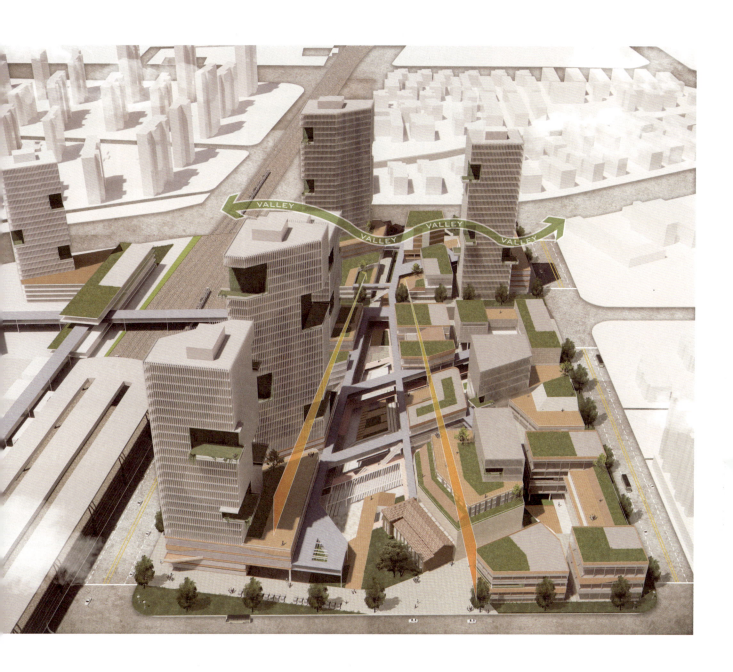

方案推演

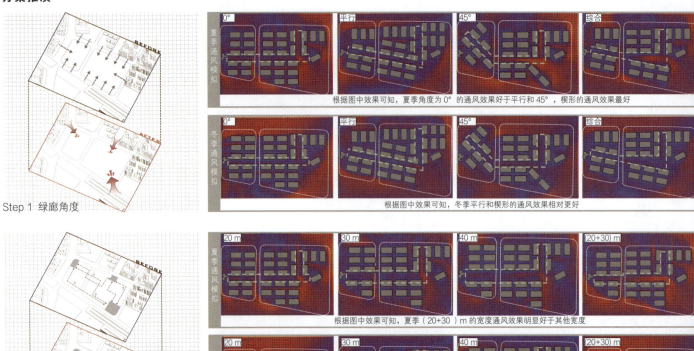

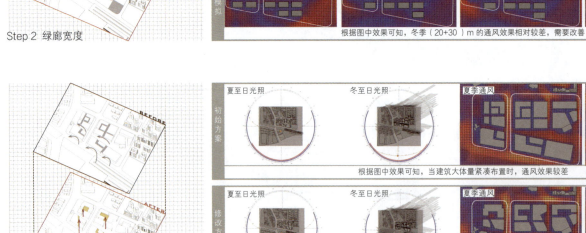

Step 1 绿廊角度

Step 2 绿廊宽度

Step 3 平面形态

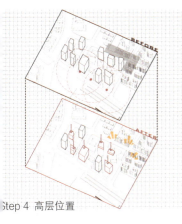

Step 4 高层位置

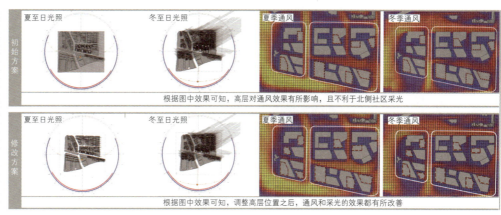

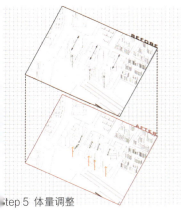

Step 5 体量调整

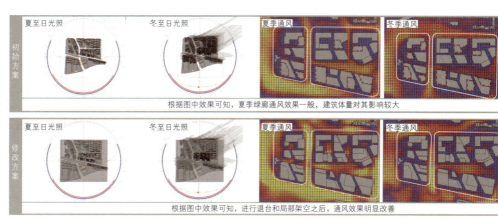

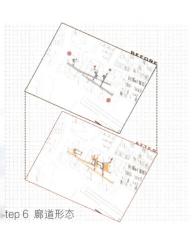

Step 6 廊道形态

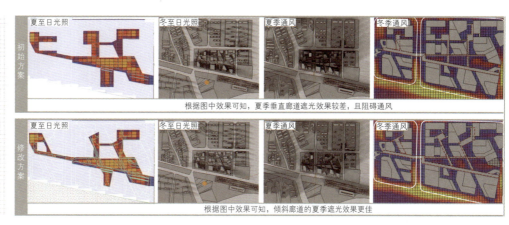

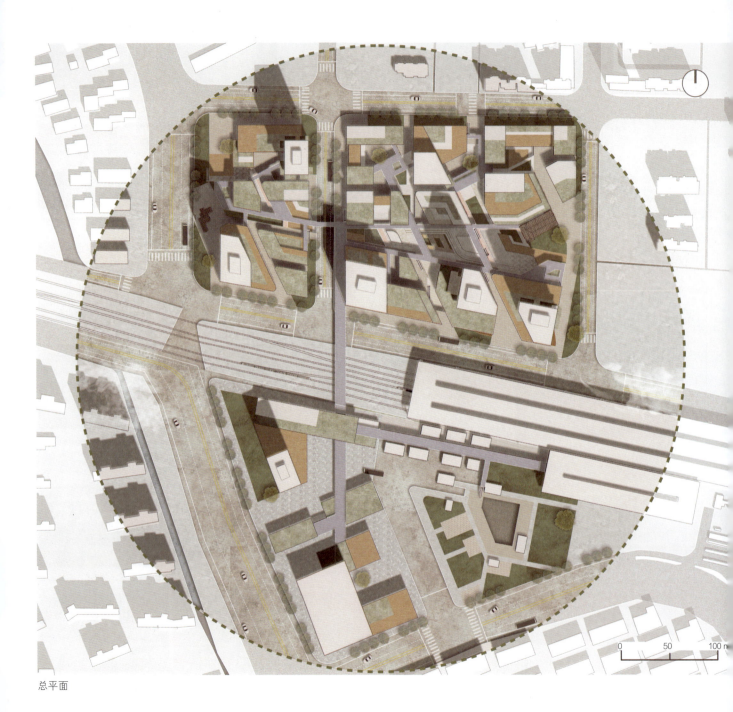

总平面

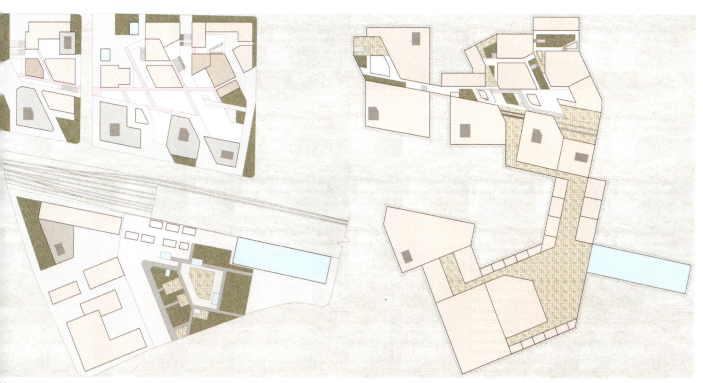

首层平面　　　　　　　　　　　　　　地下一层平面

下沉广场

手工模型

场地轴剖测图

114

核心通道

立体换乘

Research on Oriented Design from the Perspective of TOD

ZHU Chentao
LI Yang

TOD 视角下的导向性设计研究

朱晨涛
李　洋

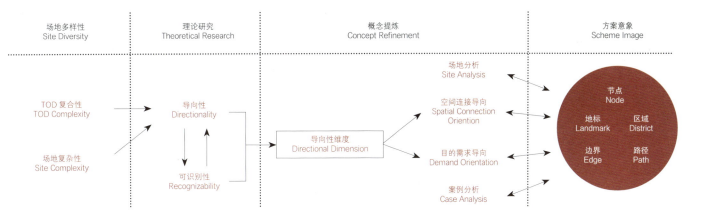

研究框架

设计说明

商业综合体地下空间具有的特点可以概括为体量庞大、功能复合、封闭性强，由此可以将引导性问题归结为流线复杂、空间存在感低和空间品质不佳三个方面。人群的步行引导设计需要解决商业综合体和地下空间内部不利于导向吸引的空间问题，改善提升建筑空间内部给使用者带来的体验感，从而吸引外部人群进入，增加人气。

一个良好的导向系统可以从根本上解决空间复杂性带来的空间导识困境，进而提升交通枢纽的空间品质，为使用者提供更好的空间体验和出行效率，营造可识别性高、导向性强、空间丰富舒适，并能最大限度满足人们的行为及心理需要的城市交通枢纽空间，使之真正成为代表城市区域形象的标识性空间。

本设计基于场地的复杂性与TOD的复合性，意图通过合理的导向性设计解决场地所面临的空间导识困境。方案探讨不同要素对人认知活动的影响，进而推导出相应的导向性设计。从场地的历史要素、接驳换乘和漫游活动等不同维度出发，构建了一套属于上海西站基地独有的可识别性高的空间体系，以满足不同层面人群的寻路与活动的需求，为使用者提供更好的空间体验和更高的出行效率。

导向性研究现状

1960年代，凯文·林奇在《城市意象》中提出居民对城市空间进行寻路与定位，主要借助节点、地标、区域、路径与边界五个要素。1970年代，亚历山大·西格尔等在《大尺度环境空间表征的发展》中认为居民对城市的认知归纳为"地标—路线知识—心里测绘"，即通过在地标间的穿行，形成对路径的认知，再进行心理整合建立城市环境中的方位知识。直到1990年代，罗梅迪·帕西尼在《建筑中的寻路》中将导向行为明确为一种解决空间认知问题的行为，导向性的意义在于帮助参与者选择到达目的空间位置的路径。通过这些学者的研究，导向性与可识别性之间建立了联系，与人的认知形成了关联。

人的认知特点

关于人的认知特点，主要可以从空间认知、感觉特性、视觉特性、行为特性等方面进行讨论。

（1）空间认知

在空间认知方面，认知的过程可以归纳为从感觉到知觉，再到建立认识，然后通过认知建立寻路的过程，即根据目的地选择合理路径，经

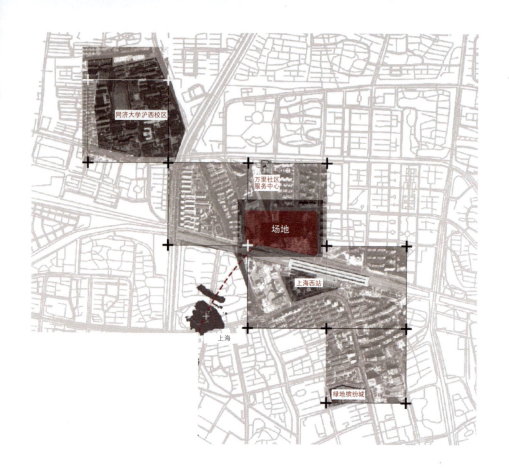

公共活动导向

交通换乘导向

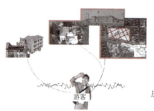

历史记忆导向

由认知系统捕捉方位，最后凭借特殊要素建立空间意象地图。而关于空间认知与导向性的关系，可以理解为空间客体与人的认知行为的共同作用。

（2）感觉特性

人的感觉特性是单一的，人无法第一时间对复杂空间形成全面的认识，往往仅能注意到空间中有特色的物体。因此对于复杂枢纽空间，想要易于被人辨识和区别，就要提升空间的导识性。以此在导向性的设计中，首先，应当简化复杂空间的信息要素，明确各空间要素的重要程度和逻辑关系，同时强调空间主体信息，弱化干扰元素。其次，通过对比的方式来强化感觉，在复杂型枢纽中，特别是地下空间，照度是最易于引起人感觉的要素，通过序列排布不同空间的光照值，能够有效提升地下空间的差异和对比。最后，需要着重考虑感觉疲劳与补偿，同一要素刺激时间过长，会令感觉产生疲劳从而弱化感知。通过对枢纽的流线与空间进行周期性变化设计，形成多样性和层次感，能有效减少疲劳，增强导向性与识别性。

（3）视觉特性

视线与路径之间是相互影响的：路径能引导视线的方向，同时视线也影响路径的选择与判断。良好的导向性要维持视线与路径的一致，避免因二者间的矛盾而造成误导。

此外，不同的空间几何形态也会产生不同的效果，复杂型枢纽空间中特定的形态会带给人方向感和距离感。不同功能的空间往往呈现多变的形态特征，传递的方向和识别性也不同。在地下空间中，光是影响视觉的重要元素，利用光的强度、形式、排列等来营造空间意象，既能区分不同的空间功能和区域，也能有效赋予空间方向感，从而提高空间导识性。

（4）行为特性

根据建筑环境心理学，最舒适的持续行走长度约为 200~300 m（可以根据设计的舒适程度适当延长）。在规模较大的建筑空间中，步行时间的长短会影响人的心理感受，过长的步行时间会使人身体不适、疲劳感增加，从而降低寻路欲望与识别能力。因此在路径的设计除了视线之外，也要兼顾距离与步行体验。

城市失活

场地失序

南北失联

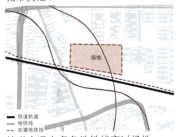
轨道交通有多条地铁线穿过场地

西站附近有大量不同的交通站点

公共空间绿地分布零碎不成整体

临近有中环高架，车流压力大

业态分布相对有所欠缺及单一

交通接驳多面向南侧开放，对北侧呼应较少

导向的维度

通过研究我们将导向的维度区分为2类：

（1）两点间的空间连接导向
强调空间对人群的吸引，加强处于空间外部人群对该空间的主观使用意愿，引导他们完成"进入该空间或区域"这一行动目标。

（2）主体行为和目的的导向
通过对内部空间的引导设计活化空间可能会出现的商业死角，通过塑造空间的意象、记忆点和感受合理的指引提示人群集散、自我定位和寻找目标。

场地现状问题

场地位于上海市普陀区上海西站北侧，以上海西站为核心，由于场地南北两侧被铁路隔断，整个区域的发展面临以下3个问题。

（1）城市失活
从城市视角出发，基地所处的整个区域缺乏自身特点，难以与上海市其他区域竞争；所规划的各个城市中心缺乏联结，难以形成系统，整体处于一种片段式分布的状态；场地周边公共设施缺失，缺少聚集场所，难以形成人流的停留与汇聚。

（2）场地失序
场地自身的状况十分复杂，内部有多条地铁交会，需要清晰地组织接驳关系；同时内部各类元素混杂，如站房、历史建筑、现有广场、下沉地铁站厅、地下通道等，将整个场地零碎划分；新旧肌理对立，缺乏组织。

（3）南北失序
现存的铁路割裂城市肌理，这不仅使南北两侧的地块在可达性和视觉层面均缺乏联系，而且使周边居民出行受阻。南北两个城市中心之间的联系较弱，难以产生有机的反应，商业氛围也难以发展起来。

案例手法提取

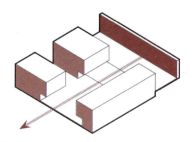 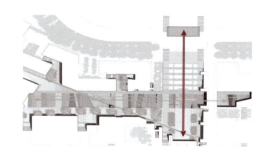 

上海创智天地——历史界面的开放与城市识别性

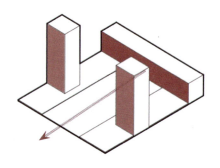 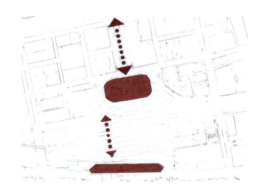 

八重洲站——高强度开放与公共空间之间的矛盾处理

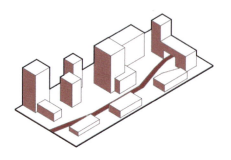  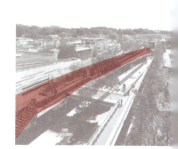

二子玉川站——强导向性的线性空间

逻辑推演

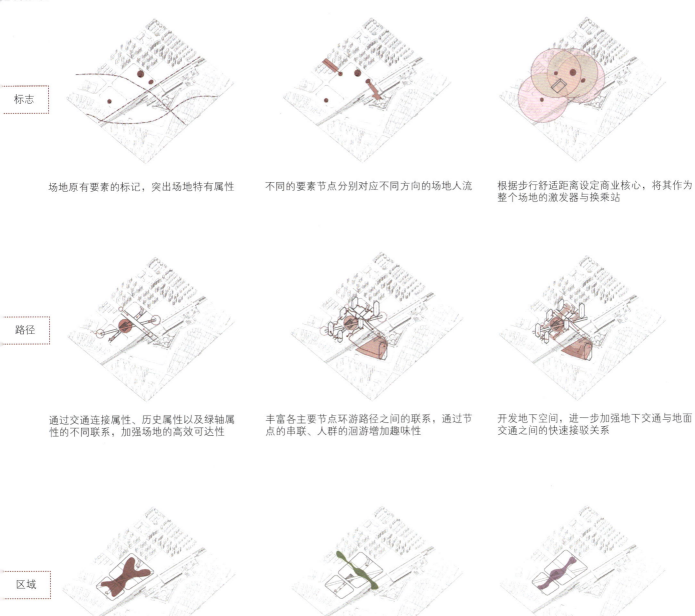

标志

场地原有要素的标记，突出场地特有属性

不同的要素节点分别对应不同方向的场地人流

根据步行舒适距离设定商业核心，将其作为整个场地的激发器与换乘站

路径

通过交通连接属性、历史属性以及绿轴属性的不同联系，加强场地的高效可达性

丰富各主要节点环游路径之间的联系，通过节点的串联、人群的洄游增加趣味性

开发地下空间，进一步加强地下交通与地面交通之间的快速接驳关系

区域

基地主要汇集人流走势

延续原先的城市绿轴至上海西站，联系西站

历史建筑之间形成具有强烈暗示的引导性的场域空间

1. 确立街角空间节点，加强场地与城市联系

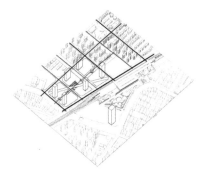

2. 延续城市路网肌理，建立场地网格

3. 根据场地识别性与功能刚需确立主要路径

4. 场地开放空间的引导与串联

5. 不同导向需求的路径连接以及界面分化

6. 地块的功能划分与特定空间的造型处理

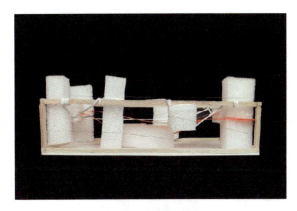
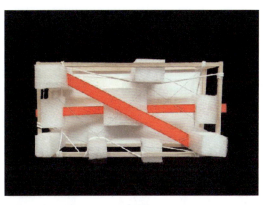

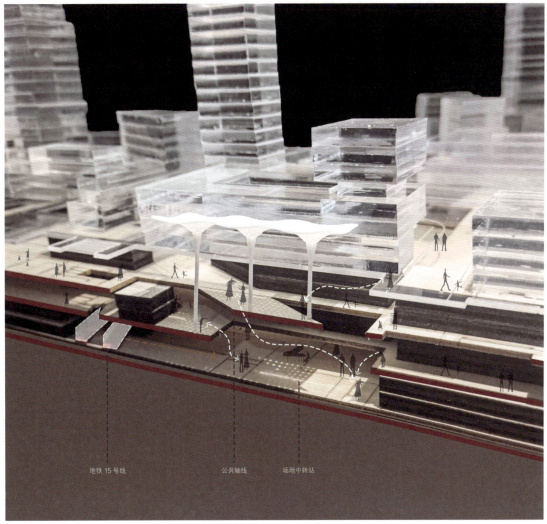

地铁 15 号线　　　公共轴线　　　场地中转站

大道透视

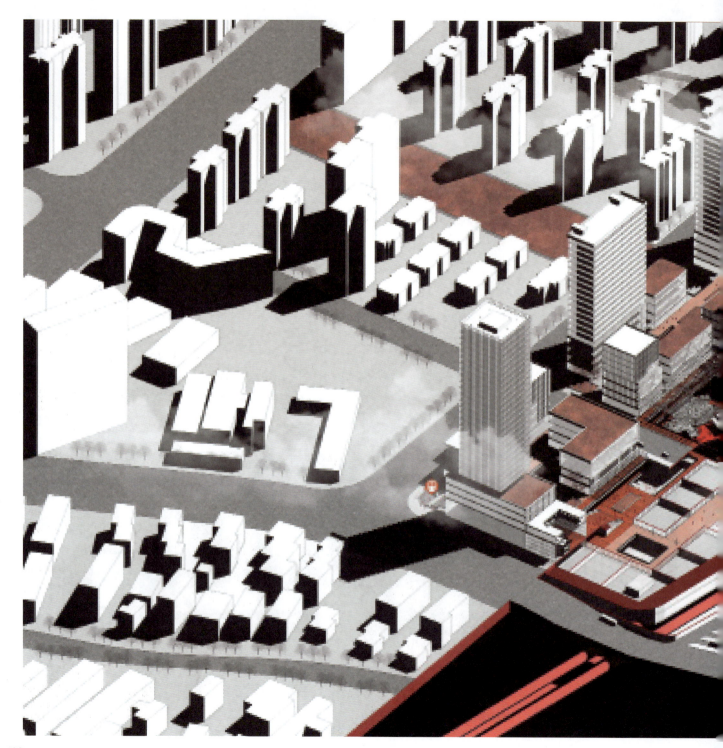

场景效果

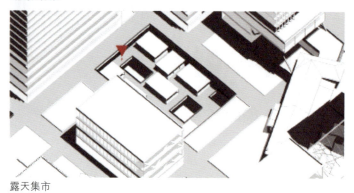

露天集市

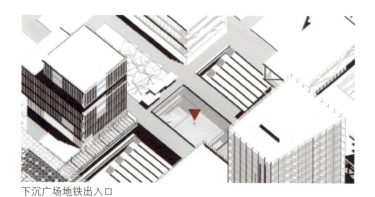
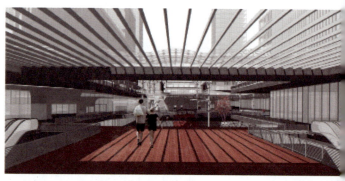

下沉广场地铁出入口

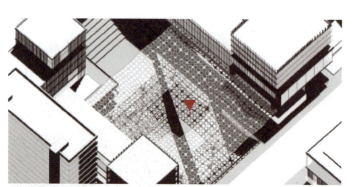
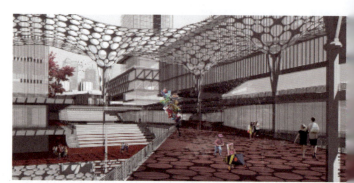

"换乘激发器"透视

量化分析

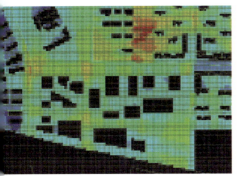
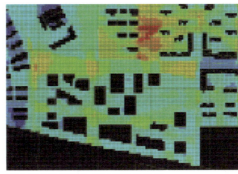

商业核心放在东南角时的数据分析　　商业核心放在东北角时的数据分析

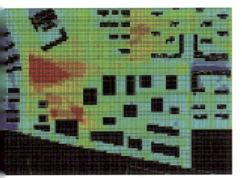
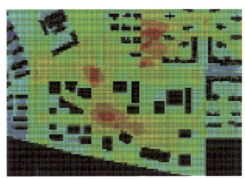

商业核心放在西北角时的数据分析　　商业核心放在中央时的数据分析

针对逻辑推理的结果进行量化分析，分析将集散广场的"换乘站激发器"布置在场地中央位置是否对整个场地更有利，我们从周边环境及商业价值的考虑出发，选取了东北、东南、西北以及中央区域进行了 depthmap 的视域分析。

从分析图中可以看出，当集散广场布置在场地中央时，基地内部颜色分布较为均匀，这证明基地内部的视域得到了整体提高。从空间句法的角度来说，商业核心放在中央时的空间布局和利用效率最佳，拥有最强的视觉引导作用。

场地现状的量化结构　　设计之后的量化结构

对比现状而言，设计方案成功连接了南北两侧地块，在人流量较大的地方也做了吸引人流等空间操作的尝试。

不同导向维度解析

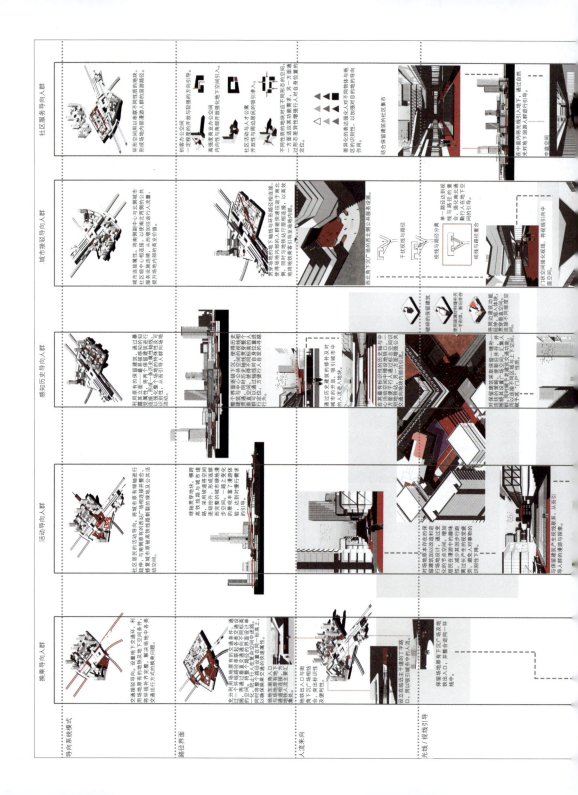

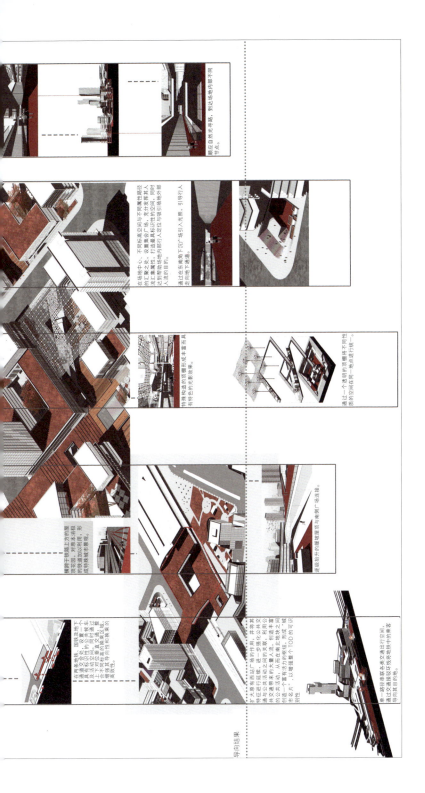

M + TOD

HE Yuhao
LIU Haoran

M + TOD

何宇皓
刘浩然

作为上海四大城市副中心之一的真如，一方面拥有便利的轨道交通，另一方面也拥有阻碍城市连贯性的沪宁铁路和高压线。

名为普陀区中心的真如已被南部的长风所取代……

根据现场找路人填写的调研问卷发现，大家出乎意料地忽视了铁路对城市造成的割裂，可能是已经对铁路线习以为常。

北区：
傍晚遛狗的居民止步于铁路北围墙。

南区：
地下空间锻炼的退休老大爷止步于北广场……

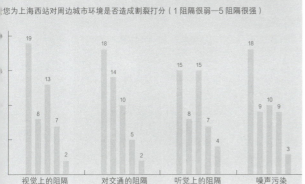

您为上海西站对周边城市环境是否造成割裂打分（1 阻隔很弱—5 阻隔很强）

场地印象

空间隔绝

横穿场地的铁路等线性基础设施带来场地南北两侧空间上的隔离。长达 1 600 m 的区域中只有一条穿越铁路的通道，并且是地下通道，对非机动车出行造成了极大的阻碍。

氛围对比

空间的隔绝造成了铁路南北城市截然不同的城市环境和氛围。铁路北侧以大面积住区为主，缺少商业、生活服务设施；铁路南侧则店铺密布，拥有较好的城市活力。

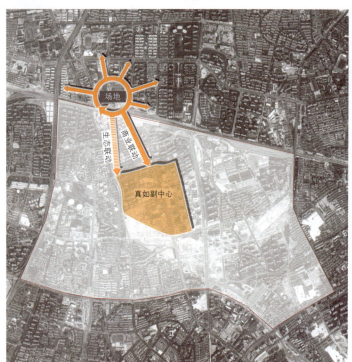

整体分析
向南——与真如副中心联动,以曹杨路商业带、滨水生态带为纽带;
向北——主要以"智慧之箭"(15号地铁)的规划格局向北辐射。

自然系统

铁路南北绿地分布不均衡:北侧绿地资源丰富,但利用率较低;南侧居民健身娱乐活动丰富,但缺乏绿地资源。

公共交通

公共交通便捷,与铁路对非机动车和人行交通的割裂形成鲜明对比。

慢行系统

社区的网格边长在300 m左右,网格过大不利于慢行出行;南北道路严重割裂。

社服设施

北侧社区服务设施较少,北侧极少,以教育为主,缺乏文化、商业设施;南侧社区服务设施较齐全。

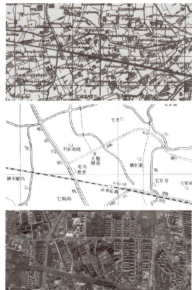

宏观——肌理演变

20 世纪：密布的水系网络形成了随水系而倾斜的城市肌理。

21 世纪：铁路货运站的形态走向影响了南侧真如肌理。

微观——暨南大学遗迹

实体记忆：暨南新村宿舍、科技馆

虚体记忆：花园、图书馆

概念生成

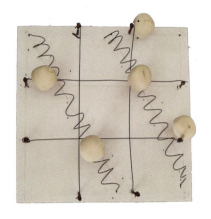 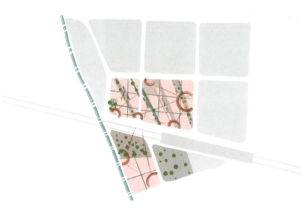

根据对城市环境中的的宏观、微观两套轴线系统的分析，在设计场地时将铁路南北的两条不同方向轴线相叠加，形成现代与历史、轨道交通与日常生活、自然与城市、居住与商业等多重维度下的碰撞交融。

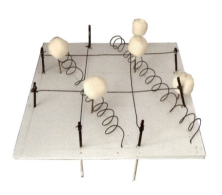 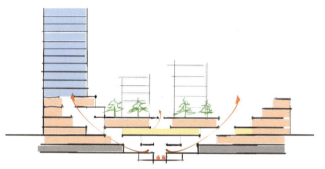

将水平方向两个轴线系统的叠加反映在垂直空间上，将斜向轴线置于不同标高，并在剖面上将其间的空间打通，形成垂直方向的流动空间，将中央的地铁活力释放到两侧的空间中。

体量生成

轴线——复苏记忆　　退台——串联轴线　　多层——轴线碰撞　　塔楼——地铁导向

绿地系统

步行系统

历史轴网

慢行系统

城市网络分析工具（urban network analysis, UNA），是一种全新的城市空间网络计算机分析工具，通过将城市形态具体表现为城市网络与节点的连接度、通达性等指标，解决具体的规划问题。

其中的"到达指数分析"指给定距离内，起点可以通过网络中最短路径到达的终点数量，或终点的空间权重加合。

对 -1F 空间进行 UNA 空间到达指数分析，以商场的 4 个地铁出入口作为起点，以各个分区的建筑空间作为终点。分别以 300 m、600 m 为半径，计算出店铺在给定半径内可达的地下出入口数量，以此评价店铺的人流活力。

300 m 半径代表步行可达范围，适合高端零售和简餐业态；600 m 半径代表骑行可达范围，适合社区服务和日常零售；此外的区域可达性较低，适合设置电影院、剧院等目的性消费业态。

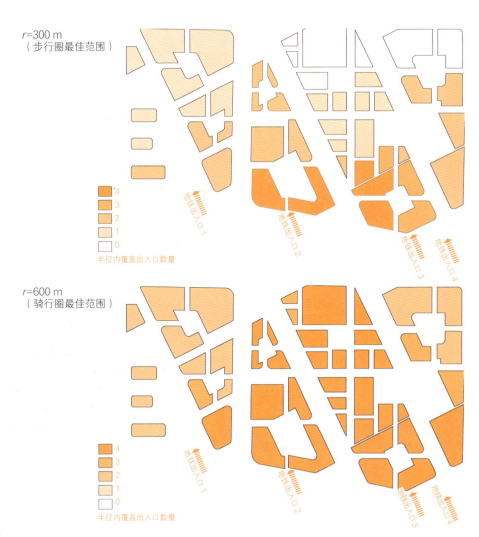

r = 300 m
（步行圈最佳范围）

r = 600 m
（骑行圈最佳范围）

项目	01地块	02地块	南广场
商业面积/m²	27 500	59 700	22 100
办公面积/m²	41 200	79 600	75 600
居住面积/m²	6 000	71 000	18 200
用地面积/m²	22 718	54 212	42 785
商业容积率	1.21	1.10	0.52
办公容积率	1.81	1.47	1.77
居住容积率	0.26	1.31	0.43
总容积率	3.28	3.88	2.71
绿地面积/m²	7 900	21 800	16 200
绿地率/%	35	40	38
占地面积/m²	12 600	34 700	23 300
占地率/%	55	64	54

轴测分解图

首层平面图

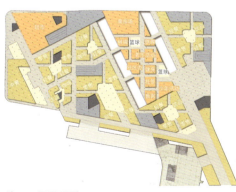

地下一层平面图

二层平面图

三层平面图

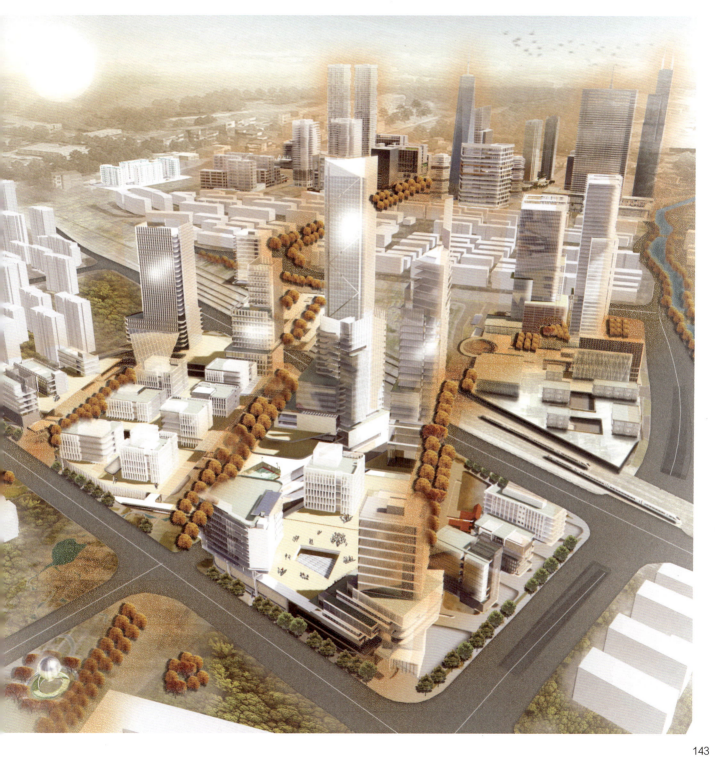

CO-TOD

YU Xinrun
JI Haotian

共享 TOD

余信润
计昊天

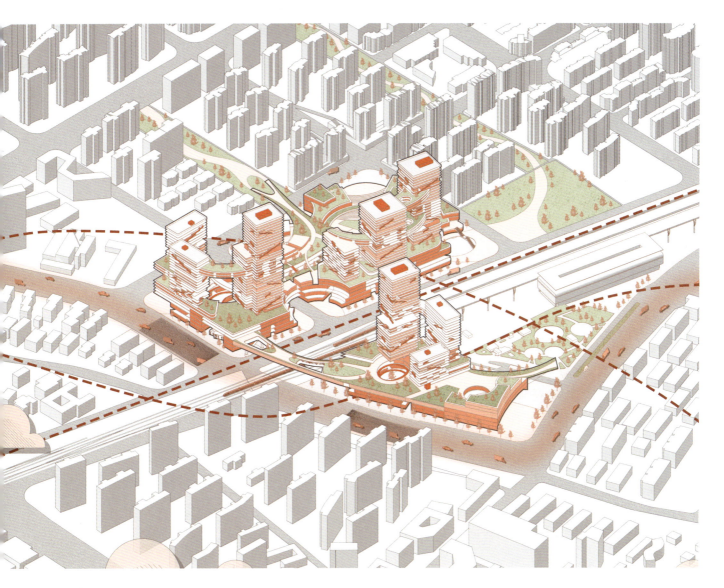

桃浦区和真如区的高强度开发将引进大量智创、商贸资源，上海西站位于两个核心区之间，将起到连接两地和辅助两地发展的作用，可有效促进真如、桃浦两地的一体化发展，完善普陀区的智创、商贸体系。

在生产力和智慧技术快速发展的基础上，本次设计引入共享城市理念，力求打造一种从物质上升至精神追求的生活方式。我们希望分三阶段实现共享城市理念：（1）利用信息技术激活经济，发展共享经济，提供更优质的生活设施；（2）将产业融入周边社区，形成共建共治的共享社会；（3）形成拥有完善的共享城市资源的共享城市。基于此，本方案提出对应的4个共享层级（功能、业态、产业与社区、城市）的设计策略，再通过每层级之间的功能、空间、交通、应用体系的相互配合与联系，探讨信息时代下共享城市理念的TOD未来发展和经营模式。

区域定位 Macro Analysis

场地分析 Micro Analysis

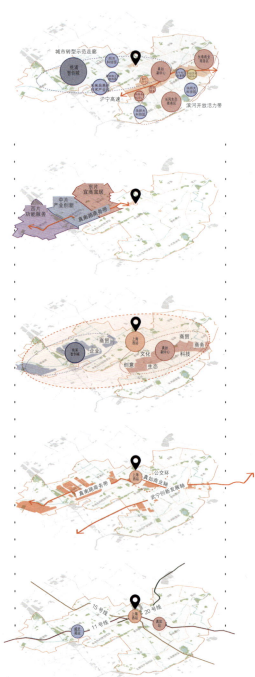

普陀区规划
Putuo District Planning

依托武宁创新发展轴，联动科创重点项目带动全区发展。北翼以桃浦为转型示范，南翼提升文化娱乐，生态宜居。

桃浦规划
Taopu Town Planning

真南路商务带以商务配套服务为主，充分利用轨道交通优势，将东、中、西三片区域有机地连接起来。

桃浦、真如一体化
Integration of Taopu & Zhenru

上海西站处在两轴之间的辐射区，承接桃浦智创城、真如城市副中心、中环商务区的功能辐射。

辅助两轴的枢纽站
Auxiliary Hub Sration for two Axes

桃浦、真如的高强度开发将引进大量资源，为企业提供更完善的经济体系。上海西站将作为两核心区的连接及辅助，起到完善整个区域智创、商贸体系的作用。

三线枢纽
3-Line Interchange

利用轨道交通将站内功能辐射至其他城市、站点。

居住
Residential

周边业态以居住为主，经济发展规模有限。

商业与社会服务
Commercial & Service

社区缺乏购物、休闲、文艺等生活设施。

路网
Road Network

高铁轨道限制南、北社区贯通。

绿地
Green Space

社区绿地零散，其距离大于步行舒适圈范围。

轨道
Railway

地铁乘客从通往其他区域为主，少留在此地。

概念生成 Concept Generation

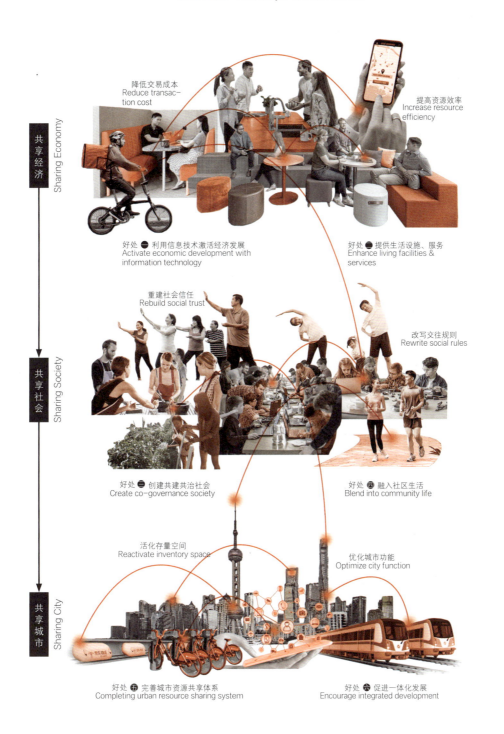

共享层级 Level of Sharing

共享城市 Sharing City
共享社会 Sharing Society
共享经济 Sharing Economy

4. 城市之间的共享 Sharing between Cities
3. 产业与社区的共享 Sharing between the Industry and Community
2. 业态之间的共享 Sharing between Business Forms
1. 功能之间的共享 Sharing between Functions

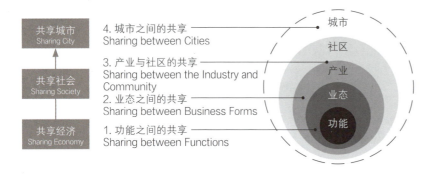

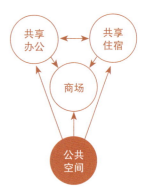

概念模型 Concept Model

1. 功能之间的共享
Sharing between Functions

2. 业态之间的共享
Sharing between Business Forms

3. 产业与社区之间的共享
Sharing between Industry and Community

4. 城市核
Urban Core

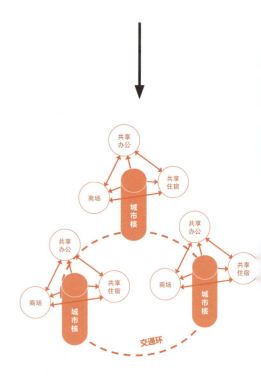

1. 功能之间的共享

置入经济主体，激活场地
Activate the site with economic activities

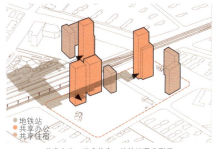
- 地铁站
- 共享办公
- 共享住宿

共享办公、共享住宿、地铁站紧密联系
Integrate co-working, co-living, and subway station

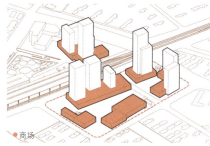
- 商场

商场提供生活需求、激活经济活动
Commerce provides daily needs and prompt economic activities

2. 业态之间的共享

促进业态之间的交流与联系
Encourage interaction between programs

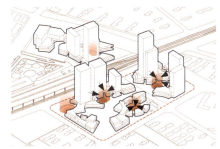

提供多元业态融合的场所，联动地上地下空间
Multi-purpose atriums connect underground & upper level spaces

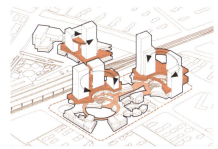

业态之间设施共享
Share facilities among different business forms

3. 产业与社区的共享

将共享理念普及至周边社区
Extend the concept of sharing to surrounding communities

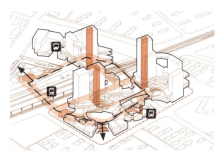

交通环将南、北部社区连接至所有换乘点及功能区
Interchange ring links northern & southern communities to all transfer station and function areas

屋面空间衔接南、北部绿地
Roof garden connects northern & southern green spaces

4. 城市之间的共享

完善城市资源共享体系
Complete urban resource sharing system

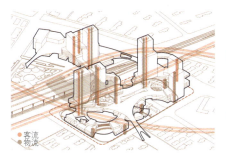
- 客流
- 物流

连接场地客运、货运系统与桃浦、真如
Connect site passenger and freight transportation system with Taopu and Zhenru

开通南北道路，形成完善智创、商务配套服务
Open up north-south roads to form a complete set of intelligent innovation and business supporting services

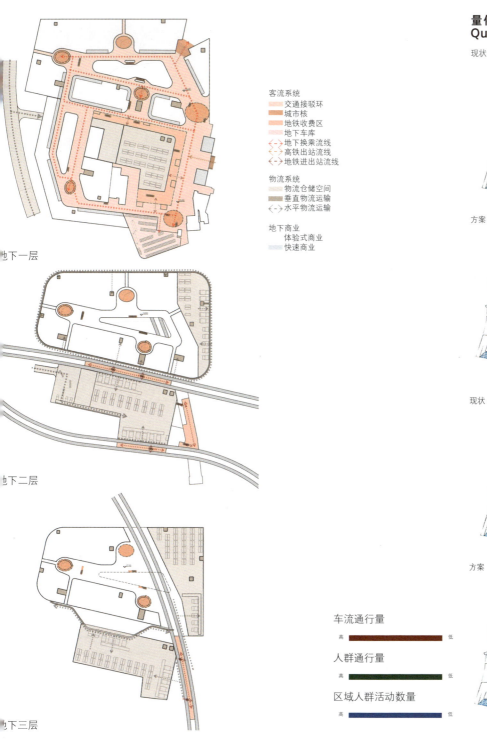

地下一层

地下二层

地下三层

客流系统
- 交通接驳环
- 城市核
- 地铁收费区
- 地下车库
- <-> 地下换乘流线
- <-> 高铁出站流线
- <-> 地铁进出站流线

物流系统
- 物流仓储空间
- 垂直物流运输
- <-> 水平物流运输

地下商业
- 体验式商业
- 快速商业

车流通行量
高 低

人群通行量
高 低

区域人群活动数量
高 低

量化分析
Quantitative Analysis

现状

方案

现状

方案

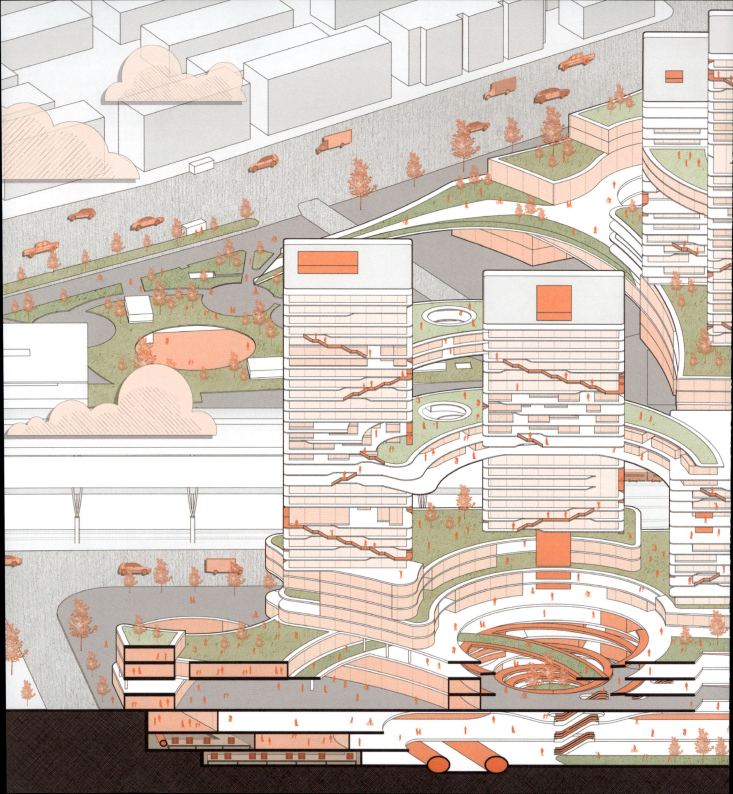

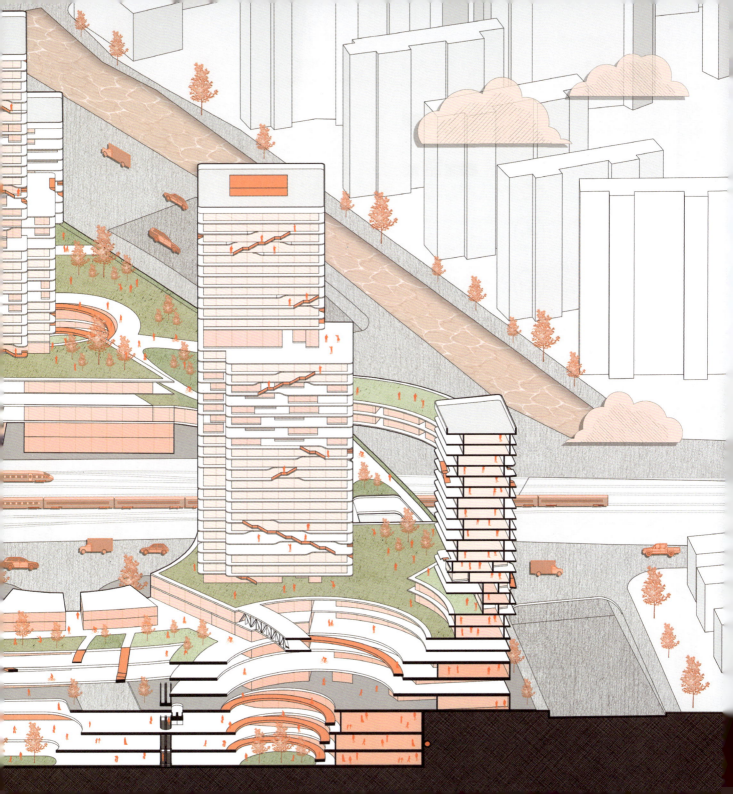

功能体系 Function System	空间体系 Space System	交通体系 Transport System

多元功能组合
Multifunctional combination

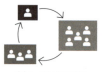
模糊化边界
Blurring the boundary

空间、时间租用灵活
Space-time flexible usage

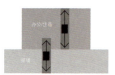
电梯：快速跨层连接至办公与住宿
Lift: Direct access to offices and living spaces

Sharing between Functions

寝室 Sleep
办公/学习 Work/Study
个人办公 Persona Office
仓储 Storage
用餐/做菜 Dine/Cook
小组办公 Team Office
展示 Display
休闲 Leisure
会议 Meeting
用餐/休息 Dine/Rest
兴趣 Interest
交流 Exchange
商演 Commercial Performance

共享办公（长期）：孵化器模式
Co-working (long-term): Incubator mode

共享住宿（长期租客）
Co-living (Long stay)

体验式商场（长期）：主题店、餐饮
Experiential Mall (long-term): Themed store, food & beverage

手扶梯：快速连通商场上下层
Escalator: Quick access within the mall

共享办公（短期）：联合办公模式
Co-working (short-term): Shared-office mode

共享旅社（临时租客）
Co-living hotel (short stay)

体验式商场（短期）：展示位
Experiential Mall (short-term): Display booth

室外楼梯：连通办公与住宿上下层
Outdoor staircase: Vertical connection offices and living spaces

Sharing between Programs

共享住宿 Co-living
共享办公 Co-working
体验式商场 Experiential Mall
健身/运动 Sports
休闲 Leisure
创客体验店 Creative Lab
大型活动 Large Event

整合重叠功能
Integrating overlap functions

视线引导激活
Eye guidance activation

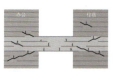
灵活共用空间
Flexible shared space

室外楼梯：将办公和住宿连接至共享设施
Outdoor staircase: Connect offices and living spaces to shared facilities

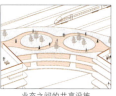
业态之间的共享设施
Shared facilities among different programs

利用城市核连接与激活分层空间
Using urban core to connect and activate cross-level interactions

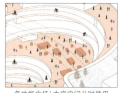
多功能广场/中庭空间分时使用
Time-sharing multifunctional plaza/ a space

坡道：将地下商场连接至办公和住宿
Ramp: Connect the underground mall to offices and living spaces

154

| 功能体系 Function System | 空间体系 Space System | 交通体系 Transport System |

Sharing with Community

功能体系 Function System: 健身/运动 Sports, 众创空间 Maker Space, 生活用品 Groceries, 文艺 Art & Culture, 休闲公园 Leisure Park, 兴趣班 Hobby Class, 社区 Community

住宿 → 社区：兴趣班
Living → Community: Hobby Class

办公 → 社区：众创空间
Office → Community: Maker Space

商场 → 社区：超市
Mall → Community: Supermarket

文化 → 社区：文化商场
Culture → Community: Cultural Mall

手扶梯（行人）：快速连接至地下换乘空间
Escalator (Pedestrian): Quick access to underground interchange space

兴趣班促使产业与社区的知识交流
Promote knowledge sharing between industry and community

众创空间激发社区青年对智创产业的兴趣
Creating spaces to stimulate the interest of community youth in the smart innovation industry

商场满足社区的生活需求
Shopping malls meet the living needs of the community

保留建筑结合文化商场提供休闲娱乐场所
Preserve buildings combining with cultural malls to provide leisure and entertainment venues

坡道（自行车）：连接至地下换乘空间和屋面公园
Ramp (Cyclist): Access to underground interchange space and roof garden

Sharing between Cities

休闲公园 Leisure Park, 文艺 Art & Culture, 共享住宿 Co-living, 上海西站 Shanghai West, 商场 Mall, 共享办公 Co-working, 地铁/轨道 Subway, 桃浦、真如核心区 Taopu/Zhenru, 高端物流企业 High-end Logistics, 科技总部 Tech HQ, 商贸服务 Business Services, 货运交易中心 Trading Center

客流系统 Passenger Flow System
地上 与周边社区连接
地下一层 快速换乘路径
地下二层 11号线、20号线站台 Lines 11 & 20
地下三层 15号线站台

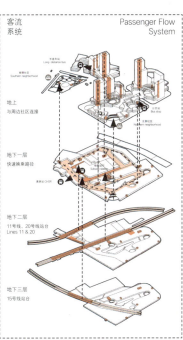

物流系统 Logistics System
地上 G 自动配送货物到商场、办公、住宿
地下一层 B1 连通南、北运货网周边社区签收包裹
地下二层 B2 地下胶囊物流系统将货物转运到各个配送点
地下三层 B3 卸/装载货物及分拣

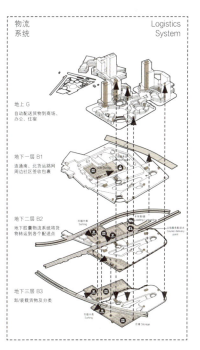

客流与物流之间的共享
Sharing between passengers flow and logistics

错峰换箱 Swap coach according to demand

中、小型货物 Small/medium-sized goods

全自动化卸/装载 Automated loading/unloading

地下胶囊物流系统 Underground capsule logistics system

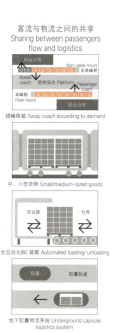

应用体系 Application System

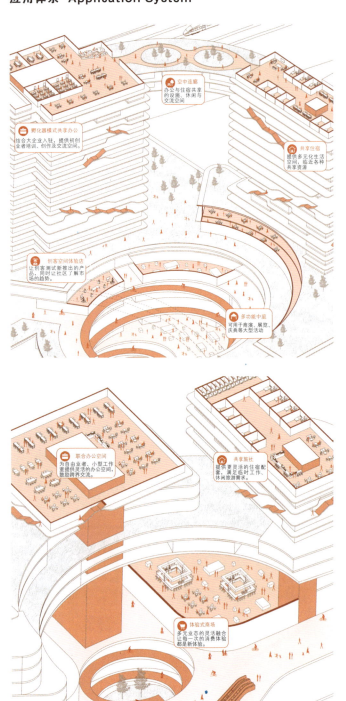

人群1·场地内住户：
以共享模式集合各种生活需求及资源，
让住户以更低的成本享有更优质的体验。

人群2·周边社区居民：
满足社区对购物、日常用品、休闲、文化艺术活动的需求。

人群3·其他城市居民：
满足用户对临时或短期办公、住宿的需求，提供独特休闲体验。

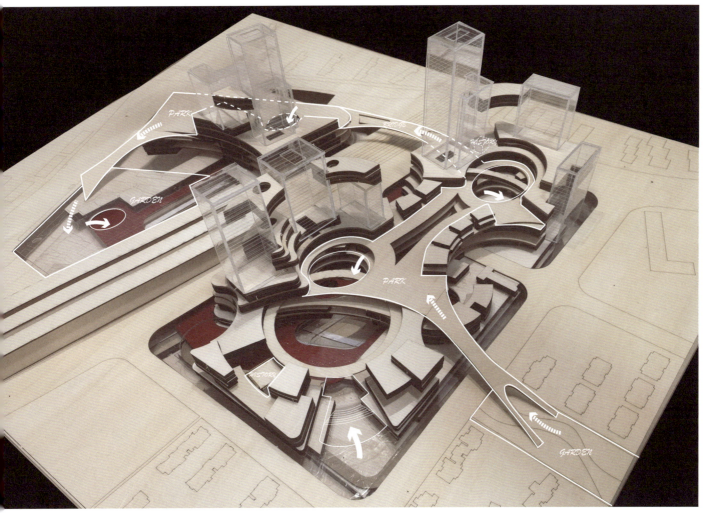

TOD Village

Yang Jianwen
Ding Yu

TOD 村

杨健文
丁　瑜

TOD 开发模式在带来巨大城市化动力和经济效益的同时也带来了超大尺度构筑,而这会造成文脉与城市肌理的割裂。同时,在经济导向性极其明确的状态下很容易造成同质化 TOD 开发等典型问题。那么,我们应当如何在高强度 TOD 开发下追溯文脉,回归日常性呢?

在此次设计中,我们考虑了多方主体(旅客、通勤者、社区居民)的需求,在提取 TOD 开发模式的核心要素和交通组织方式的基础上,针对 TOD 开发模式自身的固有弊病,结合真如本地的文脉肌理,打造了一个回归生活日常性、契合文脉肌理、独属于真如区域的地标性 TOD 社区。

我们希望将高强度开发的土地利用下快节奏的换乘系统与尺度宜人、慢节奏的城市公共活动空间相结合,在形式上给予真如本地城市的肌理,在尺度上给予区域文脉最大程度的尊重,从而得到一个城市不同人群能够共享的、充满活力的 TOD 村。

TOD Villiage
URBAN FORM MIXING EXPERIMENT UNDER HIGH INTENSITY TOD DEVELOPMENT
高强度 TOD 开发下的城市形态混合实验

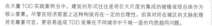

在大量 TOD 实践案例当中，建筑的形式往往是将巨大尺度的集成的裙楼或综合体作为核心要素。尽管在经济层面上这种构筑存在一定的合理性，但其对所在城区的文脉肌理并无尊重可言，更易造成 TOD 发展在不同城市中千城一面的均质趋同问题。

出发点

高强度开发的基调下
讨论不同城市形态的可能性和平衡点

TOD（Transit Oriented Development）的开发模式因为和亚洲高密度中心区域土地集约化利用以及提升商业效率的底层逻辑相吻合，逐步在国内得到初步的实践以及推

然而，TOD 的开发模式，包括较大的街区尺度，较为固定的空间模式（中心区域为商业及办公区，公共活动区域在较外一层，最外层区域则为居住片区，交通节点分布其间，整体的 TOD 区域影响半径约为 900 m），这些做法在平移至国内的过程中也带来了诸多弊端。

  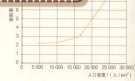

在初期的研究中，我们认识到对开发区域的容积率等形态要素指标与地块建筑的形态紧密相连。这一容积率与密度指标，或者统称为开发强度指标，往往又与周围片区的人口密度等地理经济指标相联系。这就意味着程式化的开发使得基本条件确定后的 TOD 形态几乎成为必然。

而在此次的研究设计当中，我们希望能够打破这一看似必然的固定框锁，以便在不同的形态混合过程中，达成全新的空间布局模式。

矛盾与问题

TOD 开发模式对人尺度的冲击
TOD 开发模式对城市文脉的割裂
TOD 开发模式中标识性的缺失

愿景与目标

属于人日常的 TOD 村
历史传承的 TOD 村
独一无二标志性的 TOD 村

相当数量的新城和新区具有较高的开发强度和人口密度，理论上为营造城市活力提供了良好的基础，但实际上这种城市活力却难得一见。

这些弊端中，有的是由 TOD 自身的开发模式特点所引起，有的因为当地的特殊区位和城市肌理而产生，起因不一而足。

就上海本地而言，例如虹桥区域的 TOD 开发、上海东站的 TOD 开发，街区尺度都在 200~300 m 间。在宏观尺度上与上海 TOD 开发区域的建筑肌理与城市周围环境间的城市肌理形成巨大的割裂。在微观层面上，人们对于 TOD 中城市形态和建筑体量的感知也由于尺度的存在而产生不可避免的疏离感。在这样的尺度之下，人们难以对 TOD 开发区域的公共空间产生正向使用的积极反馈，更难以对城市 TOD 空间产生归属感。

因此，我们在考虑多方主体（旅客、通勤者、社区居民）需求的情况下，提取 TOD 开发模式的核心要素和交通组织方式，并针对 TOD 开发模式自身的固有弊病，结合真如本地的文脉肌理，打造一方真正独属于真如区域的地标性 TOD。

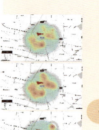 

我们希望将高强度开发的土地利用下快节奏的换乘系统与尺度宜人、慢节奏的城市公共活动空间相结合，在形式上尊重真如本地域的肌理，在尺度上给予真如文脉最大化的尊重，从而得到一个城市不同人群所能够共享的充满活力的 TOD 村。

场地分析

要素研究

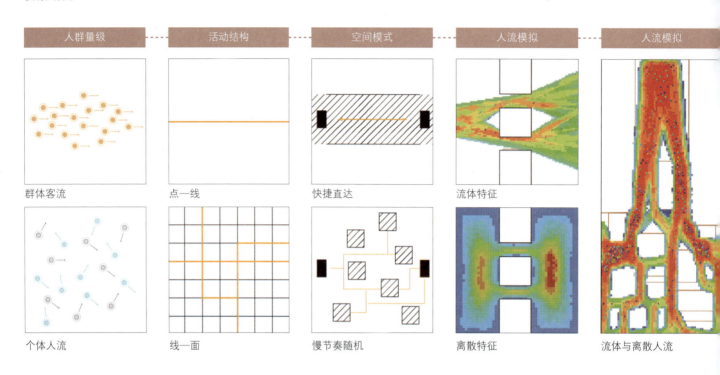

人群量级	活动结构	空间模式	人流模拟	人流模拟
群体客流	点—线	快捷直达	流体特征	
个体人流	线—面	慢节奏随机	离散特征	流体与离散人流

优化措施

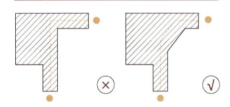

转弯节点优化
避免转弯路径角度小于等于90，采用局部放大的做法，以消除过大的转弯角度带来的瓶颈。

通道交叉节点优化
通道交叉节点采用局部放大设计，减少多方向人流汇聚造成拥堵，通过较缓的角度逐步收窄或放大空间避免瓶颈。

街区人流的导入节点优化
街区入口可以局部放大，将直角转换为钝角，逐步收窄的漏斗型开口设计可提升街区内部可视性。

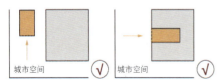

入口空间节点优化
一般采用独立式出入口和一体化出入口两种形式。在建筑室内外出入口设置明确界线与城市空间衔接。

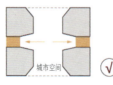

室内外与城市空间交接优化
室内外与城市空间的交接处采用退让和一体化两种处理方式，在交接处设置明确的界线加以区分。

空中交通走廊与地下通道环节
以站点为核心辐射状建立空间交通走廊，宜采用边侧式和开放穿越式，形成地下步行网络和空中步道。

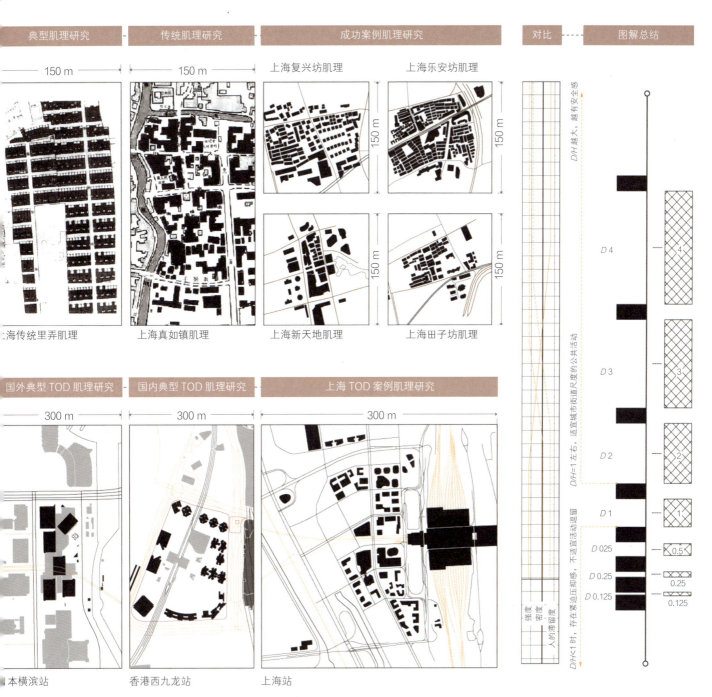

推敲模型

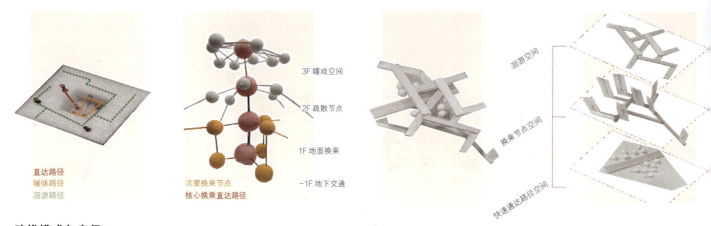

动线模式与空间

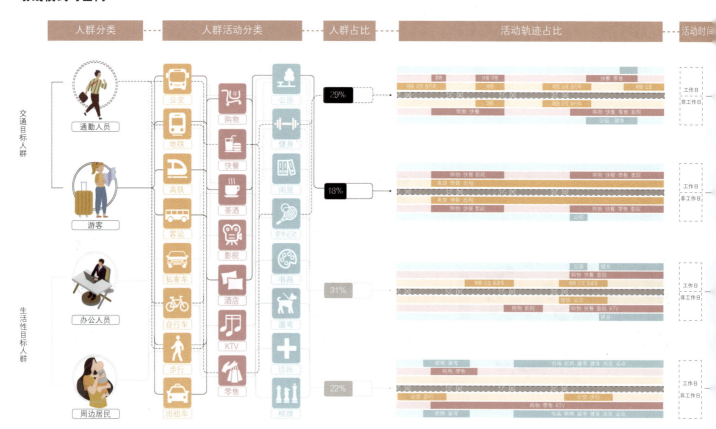

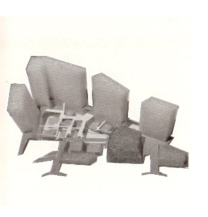
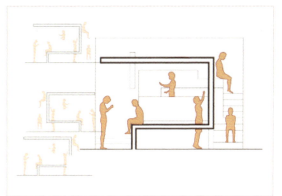

属于人的日常性的 TOD 村

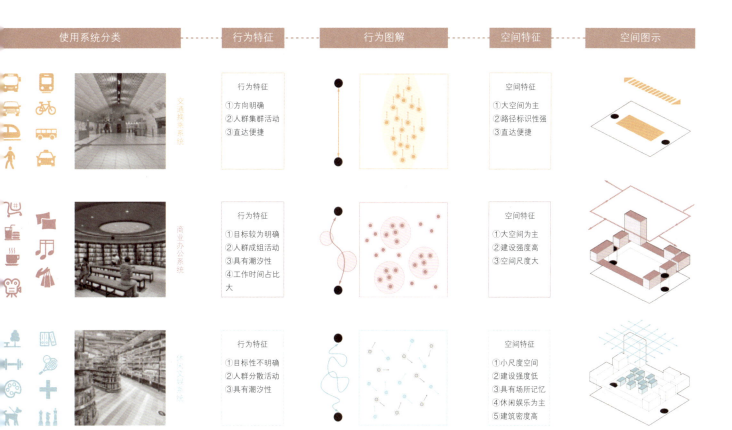

形体生成

A 交通换乘系统

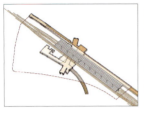    

A STEP 01	A STEP 02	A STEP 03	A STEP 04	A STEP 05
确认已有的高铁线和地铁站厅等现状	根据主要人流来向布置主体车站	将各个方向的通勤人流进行引导	路径整合与分析	调整形体，进一步形成车站

B 商业办公系统

B STEP 01	B STEP 02	B STEP 03	B STEP 04	B STEP 05
确认周边建筑性质和建设强度	对建筑体块进行打断	进行组团的联系	路径整合与分析	调整形体，进一步形成商业办公楼

C 休闲文娱系统

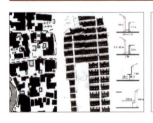    

C STEP 01	C STEP 02	C STEP 03	C STEP 04	C STEP 05
确认老上海里弄和周边真如的空间肌理	提取老肌理尺度	进行组团的联系	路径整合与分析	调整形体，进一步形成"村"

    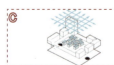 

流线分析

村落集

在传统的 TOD 设计当中，整个项目往往以极致的效率为导向，而忽视了对于城市形象以及区域地理文脉的塑造，从而造成大型 TOD 与周围围场所割裂、千城一面的局面现象。

本设计顶部的二层 (或称为多首层的次一层区域) 布置村落式的村庄片区以打造独特的 TOD 综合体风貌。这样的肌理回应了上海真如片区的原始肌理，在宜人的空间尺度下给行人良好的步行体验和场所氛围，使人们仿佛回到二十年前的老真如镇一般。

多样化的廊桥和下沉中庭提供了多样化的漫游路径选择，无论是游客还是城市居民都能够在其中找到休闲娱乐抑或是商业消费的场所。

同时，与周边社区以及铁轨对岸的天华商业街区利用多座巨型天桥建立了积极的联系，不仅增加了可达性，同时也意味着这里不仅仅是一个以交通为核心的换乘枢纽，更会是一个市民活动的综合商业中心。

城市核

城市核区域是集中了多种换乘方式的场所。在传统的 TOD 设计当中，城市核区域常常局促于一个点状的核心枢纽，而并没有考虑其更多的可能性，无论是商业层面抑或是文化层面。

而在 TOD Villiage 当中，城市核区域通过多处下沉广场沟通高中庭与顶部的村庄片区域形成了视觉和听觉上的连接，从而通过不同形态的空间展示形成了独一无二的城市印象和地区文脉塑造效果。

高铁换乘、长途巴士换乘、地铁换乘，以及出租和社会车辆接送客区域集中在一层和负一层，换乘流线得到顺畅的处理。

考虑到综合体的巨大体量以及商业价值的发掘，我们将步行通道如蚁穴般拓展开来，并辅以适当的节点和沿线商业设施，从而使得传统 TOD 意义上的核心辐射范围得以延伸。

交通蓄池

首先，交通枢纽应与周边居民、工作人员和访客之间建立良好的可达性和便利性，以使公共交通成为首选出行方式。其次，应实现不同交通模式之间的无缝衔接，从而提高出行效率，例如通过步行到达地铁站，然后换乘公交车。最后，交通停泊区域的城市设计应以高密度为主，融合住宅、商业、办公和娱乐设施，从而减少通勤需求，并优化城市资源利用。

整个地块和 TOD 综合体的底部三层均为以交通停泊为核心的交通蓄池。

体的底部区域被切分成两个不同空间：西侧为社会车辆停泊池，容量与 TOD 综合体相与匹配。同时，客运和高铁的人流在出站时能够无阻力地通过下沉核心广场到达停车区域。

侧设置出租上下客流线以及出租车泊车区域，与上部换乘为核心的城市核片区形成多处勾连，确保机动车接驳顺畅无阻。

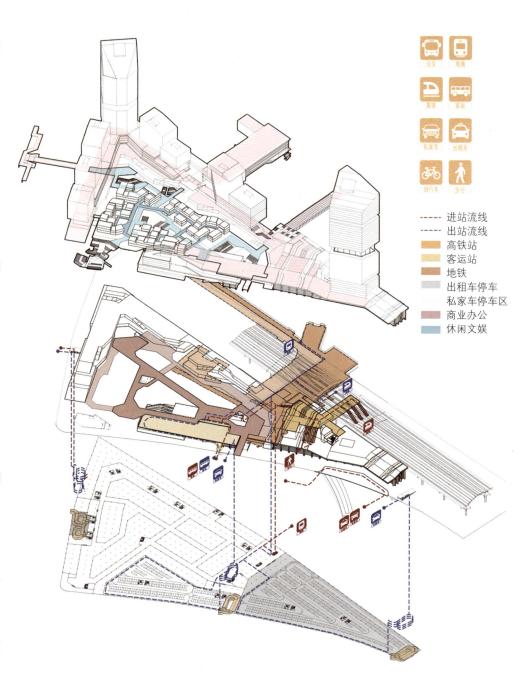

公交　地铁
高铁　客运
私家车　出租车
自行车　步行

----- 进站流线
----- 出站流线
　　　高铁站
　　　客运站
　　　地铁
　　　出租车停车
　　　私家车停车区
　　　商业办公
　　　休闲文娱

167

基于 anylogic 的流线分析

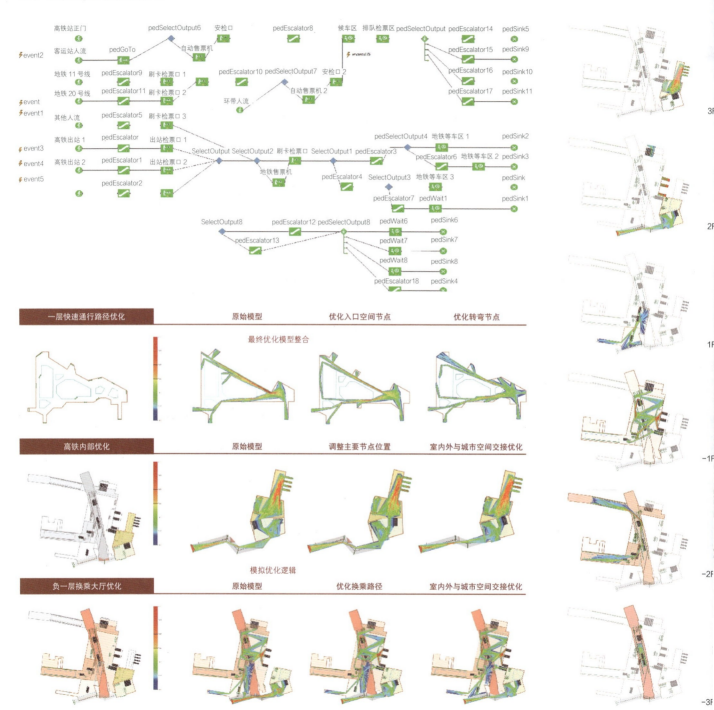

总平面图

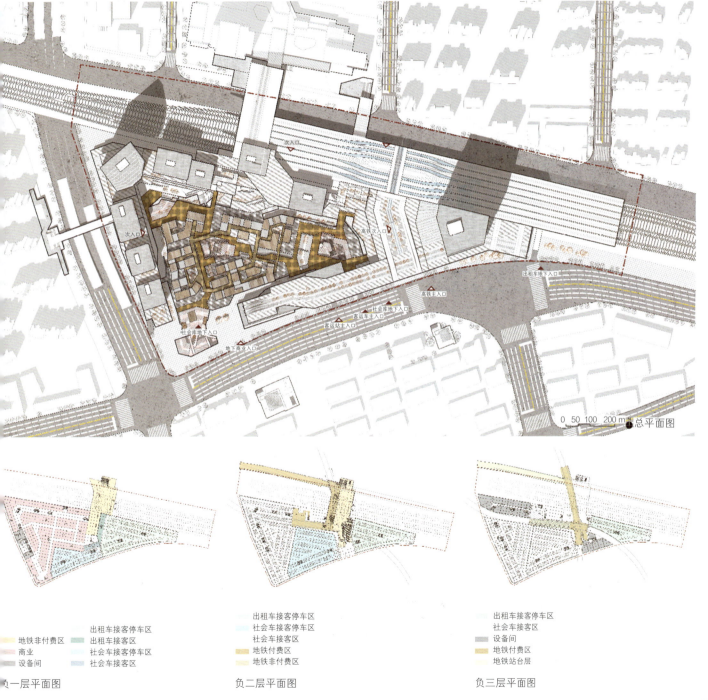

负一层平面图　　　　　　　　　　　　　负二层平面图　　　　　　　　　　　　　负三层平面图

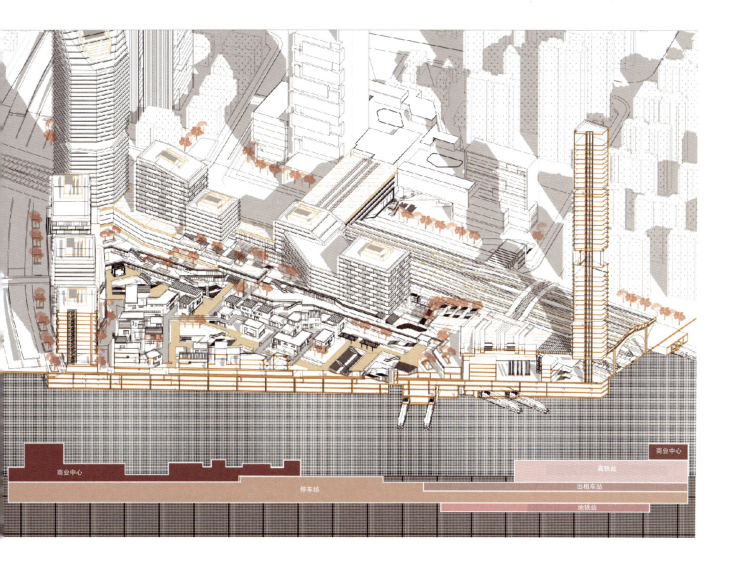

整体的功能结构在剖面层面上十分清晰。就交通而言，城市核心区域的剖面集中地根据层数划分为高铁换乘、长途巴士换乘以及社会车辆接送，负一层的出租车辆换乘以及社会车辆停泊，负二层则以地铁交通为核心。各个部分既有各自与地面区域的连接和出入流线，又与可供快速分流的城市核心有直接连接，各个不同类型的交通方式相互之间形成方便的衔接。

商业区划虽然覆盖了地面层及以上的大多数区域，但不同的商业区域之间亦有区分。邻近高铁站区域的塔楼为高端酒店和办公混合的业态；中间村庄的特色区域则为独特的休闲商业，通过漫游和形象塑造打造其独特模式；边缘环带区域则在一圈公园绿地的首层之上，架构起多个以办公业态为主的塔楼。商业区域也延伸到了地下的一些区域。线性的地下廊道周围及沿线分布着一些以零售为主的商业业态类型。

边缘和外围区域在面向高铁进出的方向将裙楼抬起，在打造标识性的同时也为内部区域引入风和光，提升其物理环境体验感。凸起区域的下端则形成大量的城市级灰空间，进而成为激发公共活力的"城市阳台"。

裙楼环道和中间村庄区域的接缝区域在主要交通道路上的重要节点处被放大并植入多层平台和景观，形成城市级别的活力公共空间，为周围居民、通勤者和旅行者所共享。

中心区域的村庄多层复合并结合高差层层叠落布置，以适宜人的尺度的姿态展现在旅客和城市穿行者的眼前。

村庄区域同时与复杂的地下交通系统连接，快速通行道穿插其间。在与外层环道的接壤区域，则分布着一系列的换乘交通区。

村区域不仅在尺度和街区呈现了步行友好的体验感，也在入口区域形成了上海西站独一无二的标志性。

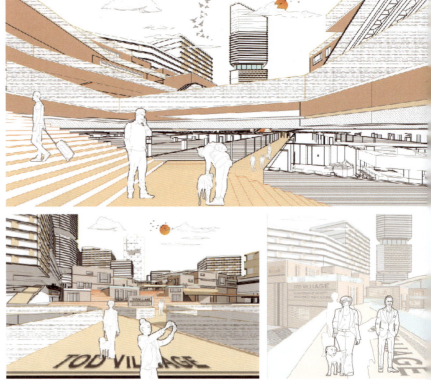

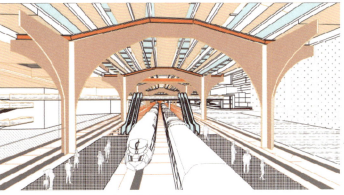
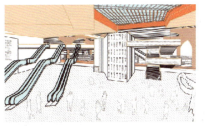

站房主体横向展开，形成连续界面，同时塑造了作为上海西部交通门户的标识性。

顶部的 150 m 高塔强化了标识性的表达，使得上海西站成为地标性建筑，从远处的城区就可以被识别；也促成了真如地区的城市意象的形成。

站厅内部增设采光天井，增加了大跨空间的光环境舒适度，阵列的树形开花柱提升了内部空间的丰富度和空间感知体验。

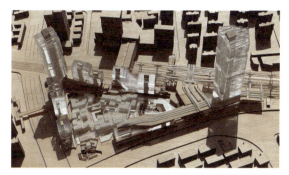

Shanghai West Park Station

XU Ke
LIU Yufei

上海西公园站

许　珂
刘宇飞

研究框架

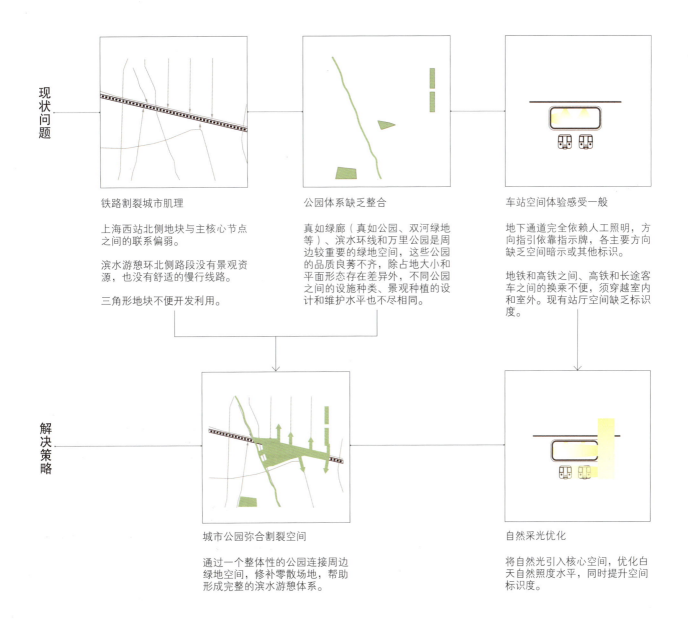

研究成果

高密度城市公园

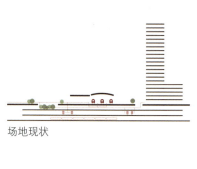
场地现状

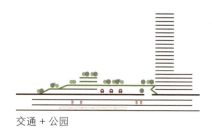
交通 + 公园

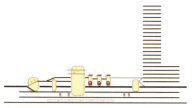
交通 + 采光

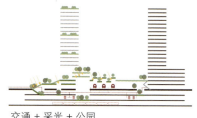
交通 + 采光 + 公园

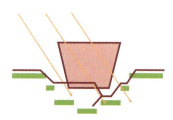

采光优化的技术路径

通道空间

空间特征：通道空间主要发生的是流动性行为，不要造成拥堵。
采光需求：需要较强的空间明亮度，便于行人寻路和以防安全事故发生。
采光方式：线性通道顶部可以采用凸起天窗设计。

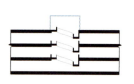

站台空间（公交/轨道）

空间特征：站台空间主要发生的是流动性行为，不要造成拥堵。
采光需求：需要较强的空间明亮度，便于行人寻路和以防安全事故发生。
采光方式：线性通道顶部可以采用凸起天窗设计。

出入口/核心贯通空间

空间特征：出入口的设计要做到在地面上醒目，让人们能够快速找到，在地下方便人们的出站和快速疏散。
采光需求：出入口空间需要大面积的泛光照明，充足的光线可以帮助人们适应过渡空间。
采光方式：把入口门厅放在地面上，或设置下沉式广场，可以削弱地上、地下的光线亮差和空间差异感。

设计概念

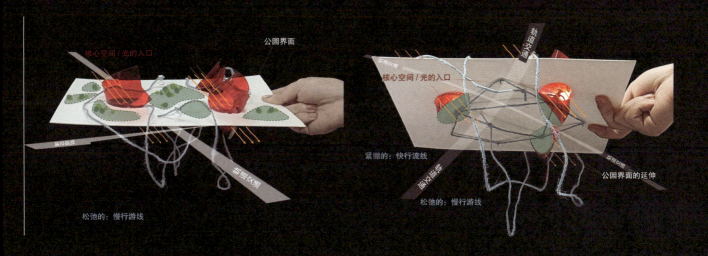

方案生成

Step 1
场地现状

项目现状：北侧地块已进行商业、办公和居住的混合开发，车站地块待更新。

Step 2
地下交通核心

梳理地下空间，确定可以打开形成下沉庭院的位置，引入光线，将其作为人流集散的核心场所。

Step 3
地上以公园连接

抬升地面形成公园，连接被车站和轨道割裂的周边地区。

Step 4
上下叠合

将地下层的人流引入平台层的城市公园，城市公园通过退台渗透进入地下空间，平台上的公园和平台下的轨道交通互为景观。

Step 5
日照罩面

以地块中部的两个下沉庭院和平台层大草坪为日照优化对象，计算地块的日照罩面，确定可布置高层的位置。

Step 6
形态优化

形态调整优化后形成最终结果。

总平面图

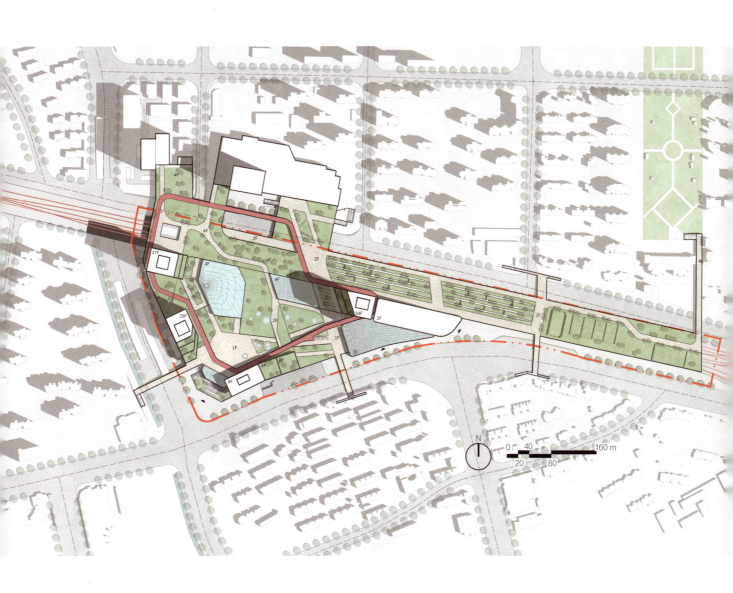

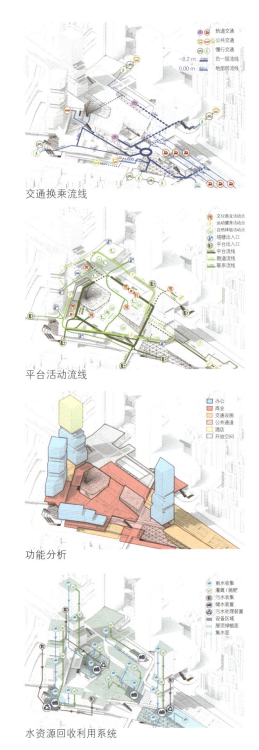

交通换乘流线

平台活动流线

功能分析

水资源回收利用系统

采光优化分析

优化前

从对负一层的采光情况模拟得知,4个核心空间的自然采光情况良好,大大超出了规范要求,能够起到引导行人方向、塑造空间标志感的作用。不同核心空间之间的联系通道缺乏采光,可能导致较远的核心空间之间联系减弱。

但与此同时,这些区域也不可避免地出现了眩光现象,这可能与其他区域自然采光不足、区域之间缺乏过渡有关。

采光优化一:增加其他区域采光

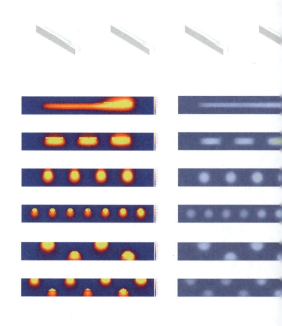

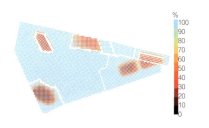
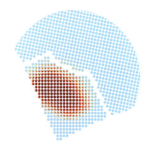

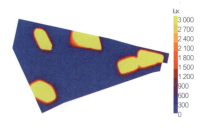
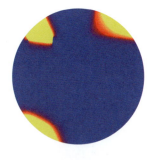

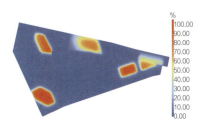
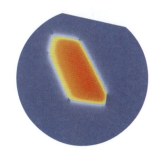

采光优化二:控制核心空间眩光

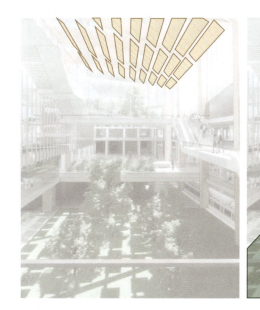

优化后

根据优化结果对比：

增加了通道区域的采光效果；

轻微减弱了核心空间的眩光情况。

在不同核心空间之间的联系通道附近增加采光，在改善光环境的同时增强核心空间之间的联系。

截取通道范围 20 m × 150 m 的区域作为测试房间，研究相同开洞面积（300 m²）下不同开洞形状和间隔的采光性能表现，开洞大小以 20 m 宽度内不影响通行为前提。

结合测试结果，考虑屋面平台的观感和活动通行，选用较大的圆形开口作为采光的开口形式。

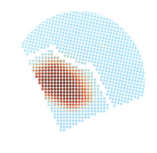 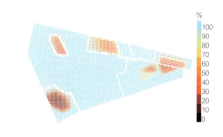

主要针对场地内部的两个位于气候边界内的核心空间优化眩光现象。

策略之一是在中庭上方设置可动的遮阳板，以减少直射阳光进入；

策略之二是在眩光强烈的区域设置植物绿化，减少人进入活动的机会，将主要人流活动的区域向其他地方转移，并增加景观以减弱光线反射刺激。

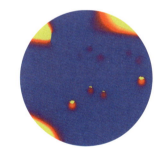 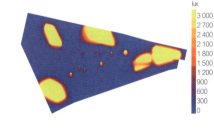

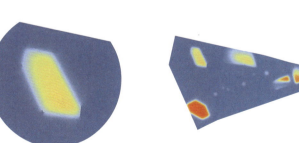

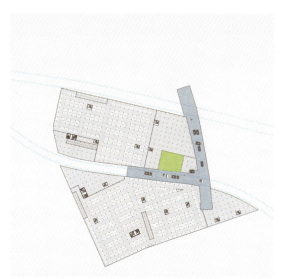

B2 平面图(-15 m 标高)

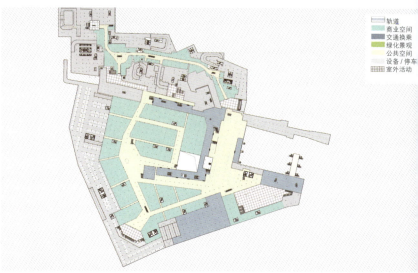

B1 平面图(-8 m 标高)

A-A 剖面图

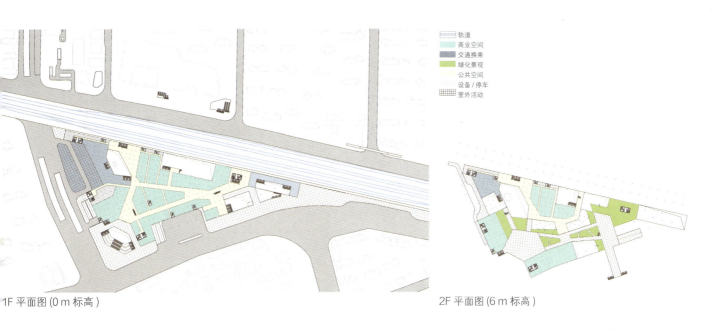

1F 平面图 (0 m 标高)　　2F 平面图 (6 m 标高)

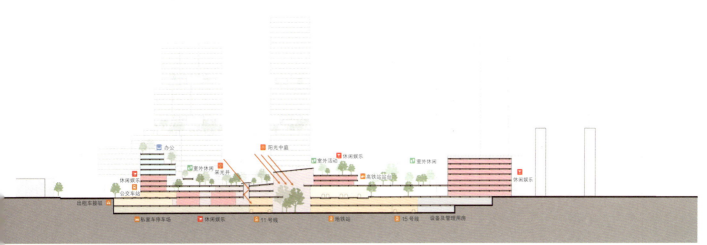

3-B 剖面图

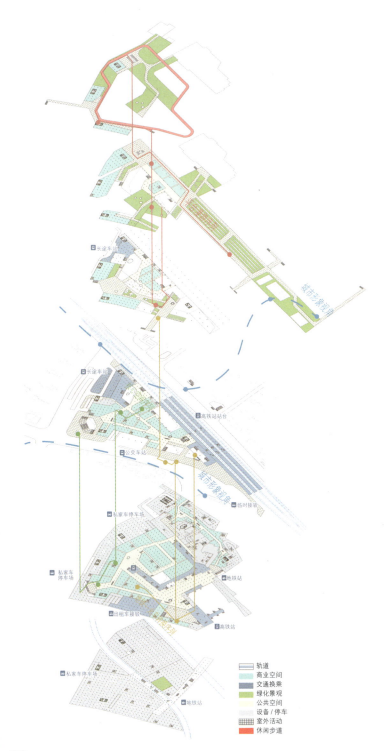

车站北面的商业小街

核心空间可见两侧轨道交通

到达地铁站厅

公园旁可见下方的公交站台

车站北侧广场,平台入口吸引行人上行

核心空间与花园退台

西南角社区休闲形象

高铁候车厅出入口转折

高铁站台

VIEW TUBE
TOD Design Based on Three-dimensional Spatial Vision Study

GUO Xinrui
LI Zerui

视线通廊
基于三维空间视线研究的 TOD 设计

郭欣睿
李泽瑞

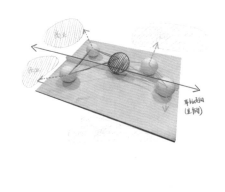
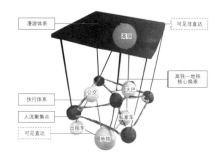

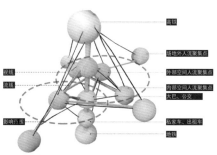
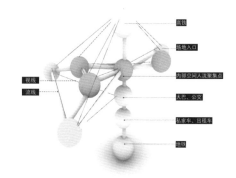

设计说明

本次设计从轨道交通站域基本问题出发，试图探讨在以公共交通为导向（TOD）的综合发展模式下，以及轨道交通和城际铁路交通的交错影响下，TOD 站域空间创新模式。

针对场地中人与城市（南北割裂，场站识别性差）、人与建筑（空间识别性差，换乘效率低）、人与人（关联性弱，缺少互动和视线交流）三大问题，设计提出以三维空间为切入点，创造视廊管道，以提升使用者的换乘、休闲、购物、办公等体验。视廊管道作为城市取景器，可通过建立可见直达管道慢行体系，提升各换乘方式的便利性，并在各"管道"之间创造更多的视线交流机会，丰富空间体验，提高新建 TOD 综合体的共享性、高效性和活力。

设计前期通过分析主要交通方式、场地内外人流聚集点之间的视线、流线关系，构建出空间概念模型，其中视线和流线重合的部分即为"可见直达管道"。依据概念模型，设计归纳出慢行体系可能存在的六种基本形态，演化出慢行体系与功能体量的多种空间形式。

基于以上研究，对建筑中空间节点（TOD 换乘要素、内部人流聚集点以及外部人流聚集点）的空间形态进行分类设计。在每一类中，节点都有各自的形成方式和空间特性。

概念提出

现状分析	→	研究目的	→	研究策略
交通综合体旅客流量大,交通负荷大		人与城市:通过视线通廊打造城市取景器		从需求与实现角度出发构建场地慢行体系
人与建筑孤立,空间识别性差		人与交通:实现对换乘要素的可见直达		视线与流线设计分析
换乘无法快速到达,效率低下		人与人:更多视线交流机会,丰富空间体验		Dethmap视域分析模拟优化

01

02

场地位于上海市普陀区上海西站南侧,包括现状西站南广场和长途汽车站地块。上海西站既是沪宁铁路线的铁路枢纽,又是上海地铁11号线、15号线以及未来20号线的三线换乘站,区位条件较好,是连接上海的西北门户站,周边以居住为主要功能。

01 区域规划中,场地位于商业性与生态共享性的结合点。

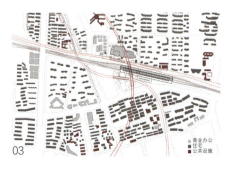
03

04

02 公共空间多处于住区入口及内部且较小,场地绿化以小区集中绿化和行道树为主,场地周边缺少公共空间。

03 周边以住宅为主,大型公共设施较少,用地功能单一。

04 基地内部有3条地铁线通过,西侧设有一长途汽车站,南侧分布有公交汽车站,交通资源丰富。

场地现状

人与城市
南北割裂,场站识别性差

人与建筑
空间识别性差,换乘效率低

人与人
隔绝性强,缺少互动和视线交流

应对策略

城市级通廊
通过视线通廊打造城市取景器

可见直达通廊
使用者对各换乘方式可见直达

通廊间互动
更多视线交流机会,空间体验丰富

慢行体系构建

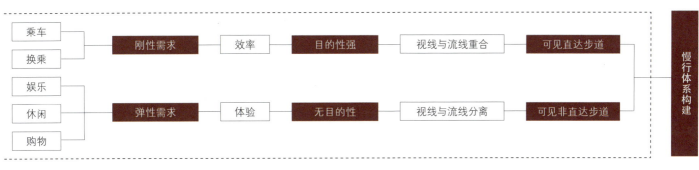

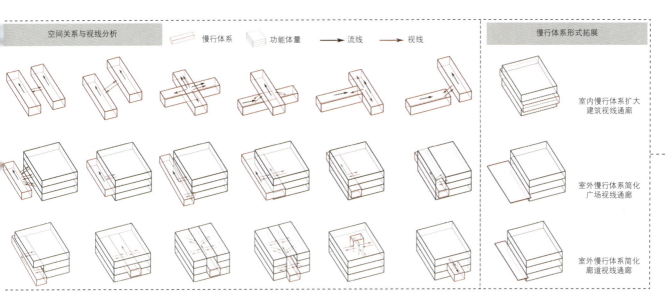

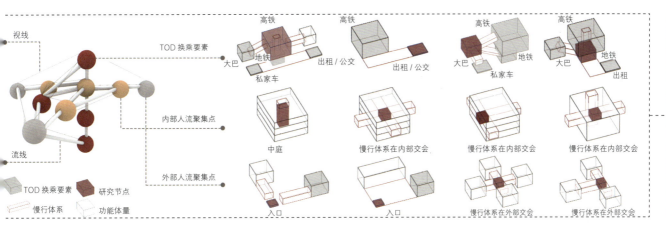

方案生成

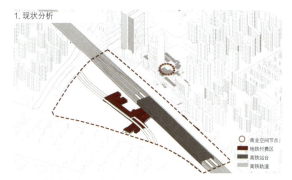

1. 现状分析

两条地铁线付费区域位于基地中部，高铁站台及轨道位于基地北部。基地北侧为城市商业空间节点。

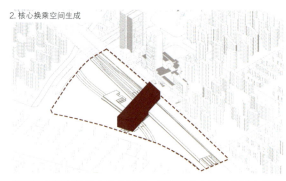

2. 核心换乘空间生成

在场地中部设置核心换乘空间，实现高铁与地铁的垂直快速换乘，同时站体形成视窗眺望南北商业节点。

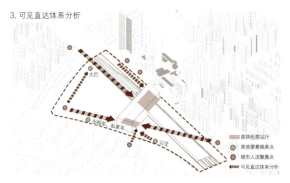

3. 可见直达体系分析

由前期分析获得城市人流汇集点与内部重要换乘点位置与核心换乘空间，进行可见直达体系分析构建。

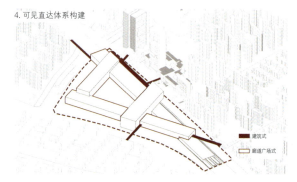

4. 可见直达体系构建

综合场地情况构建建筑式、廊道式、广场式视线通廊实现节点之间的可见直达，提高场地的换乘效率。

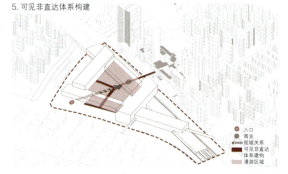

5. 可见非直达体系构建

在场地庭院区域设置可见非直达步道，并连接场地南北通过庭院及商业空间，塑造实现丰富的空间体验。

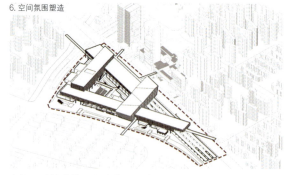

6. 空间氛围塑造

底部通过较小体量塑造亲人尺度的商业空间，对建筑立面以及基地进行深化塑造，完成设计。

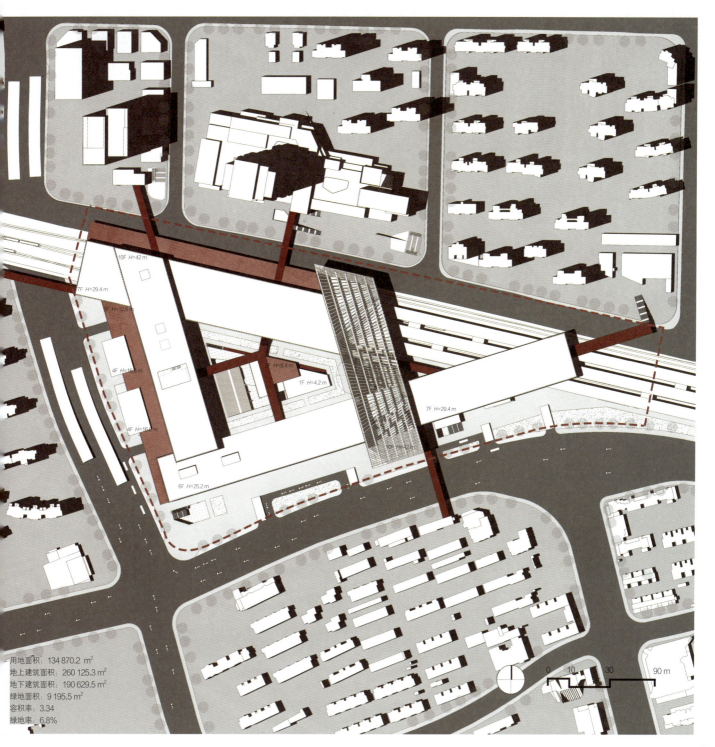

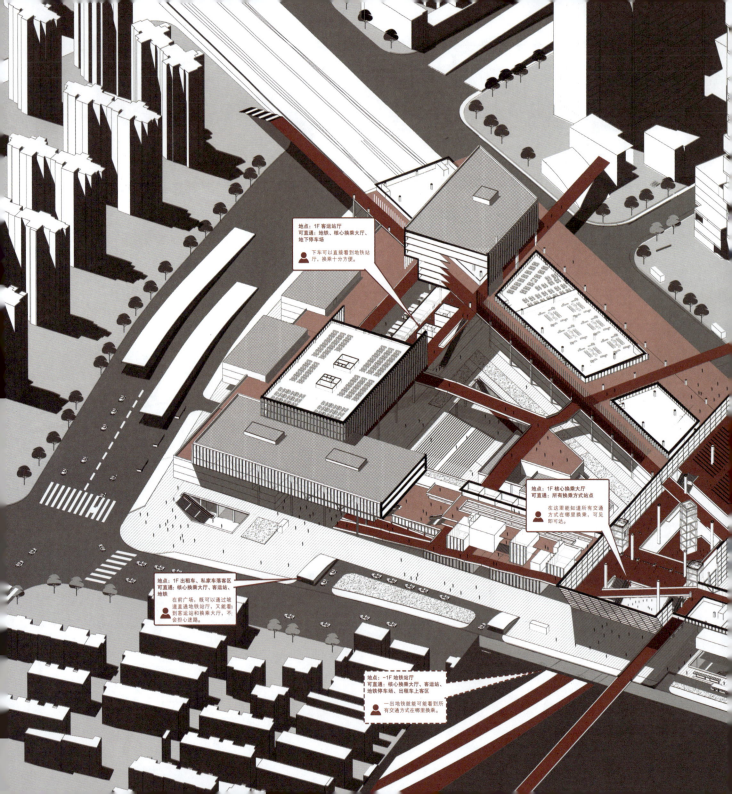

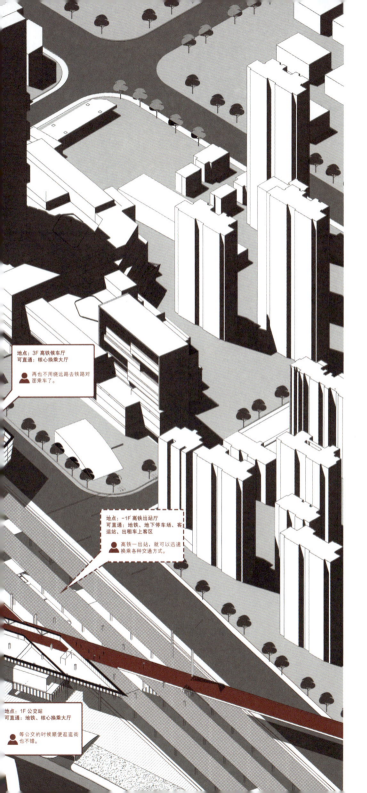

地点：3F 高铁候车厅
可直通：核心换乘大厅
- 再也不用绕远路去铁路对面乘车了。

地点：-1F 高铁出站厅
可直通：地铁、地下停车场、客运站、出租车上客区
- 高铁一出站，就可以迅速换乘各种交通方式。

地点：1F 公交站
可直通：地铁、核心换乘大厅
- 等公交的时候顺便逛逛街也不错。

视线模拟优化

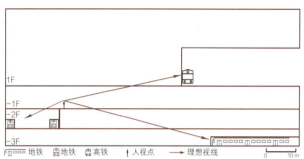

截取站体核心内部剖面，将 -1F 入口与垂直交通相接处作为模拟人视点，通过模拟优化使人能够看到高铁与地铁列车。

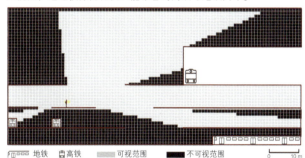

在相应的位置设置垂直中庭，现有尺度无法满足视线要求。

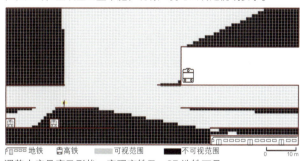

调整中庭尺度及形状，实现高铁及 -2F 地铁可见。

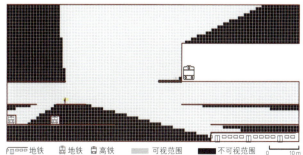

进一步扩大右侧中庭尺度，实现视点对交通要素可见的目的。

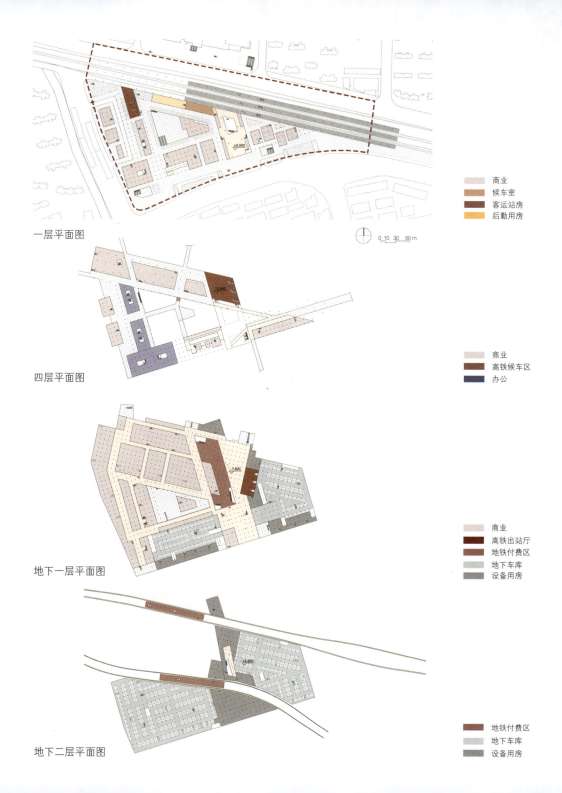

一层平面图

商业
候车室
客运站房
后勤用房

四层平面图

商业
高铁候车区
办公

地下一层平面图

商业
高铁出站厅
地铁付费区
地下车库
设备用房

地下二层平面图

地铁付费区
地下车库
设备用房

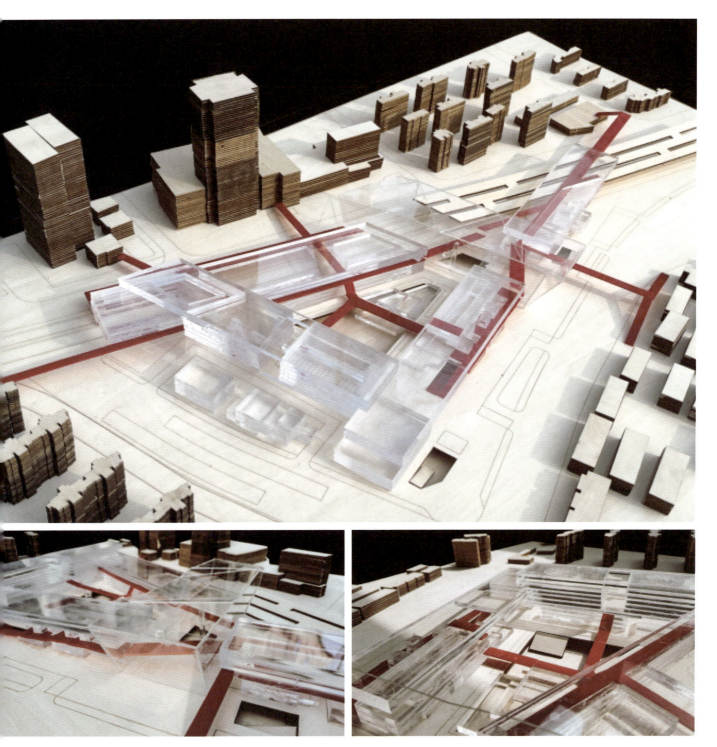

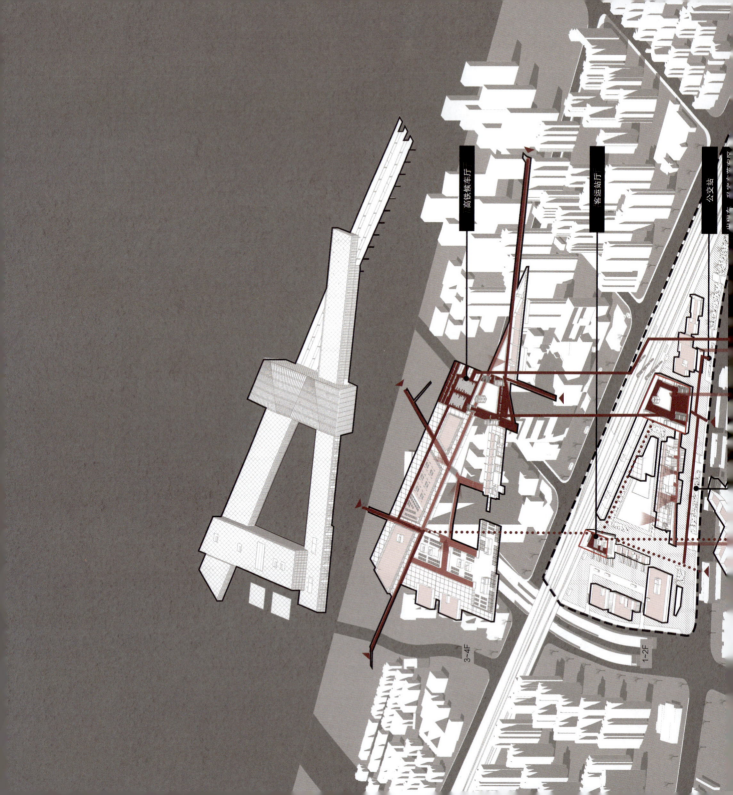

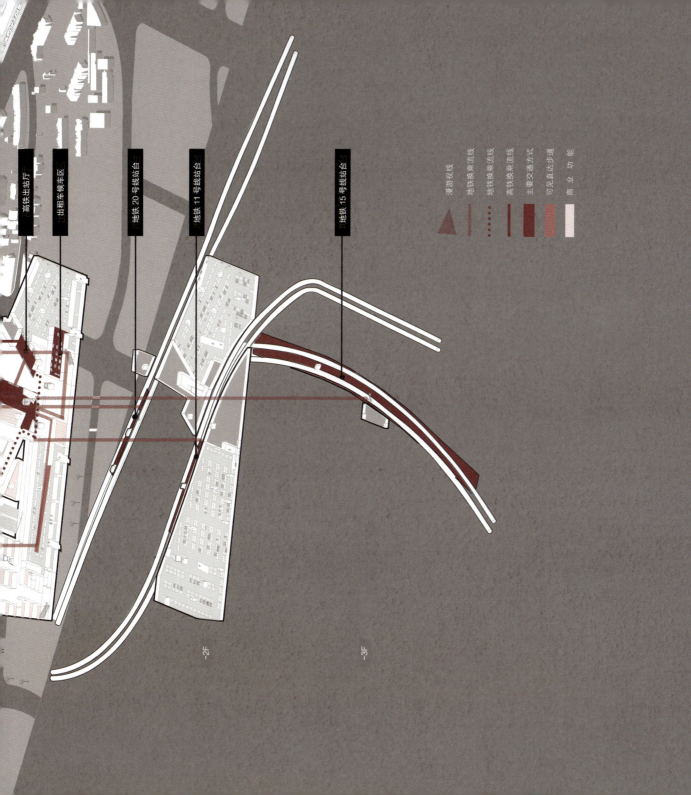

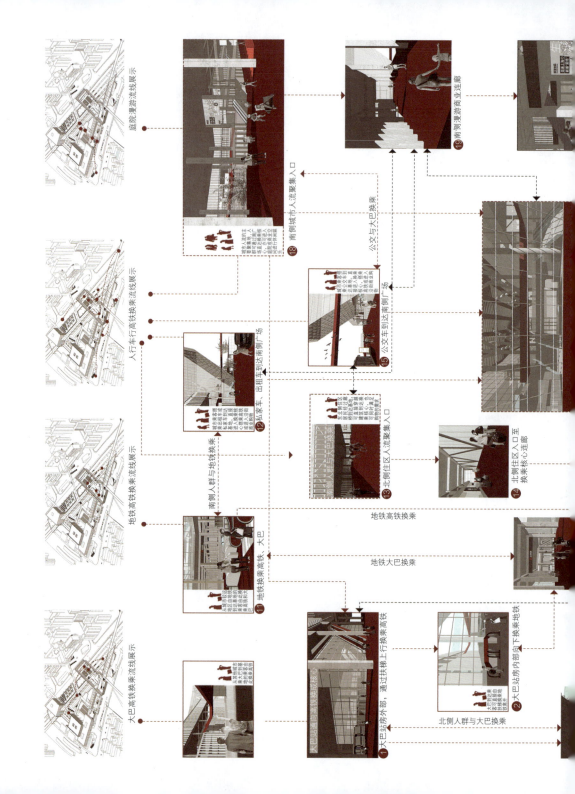

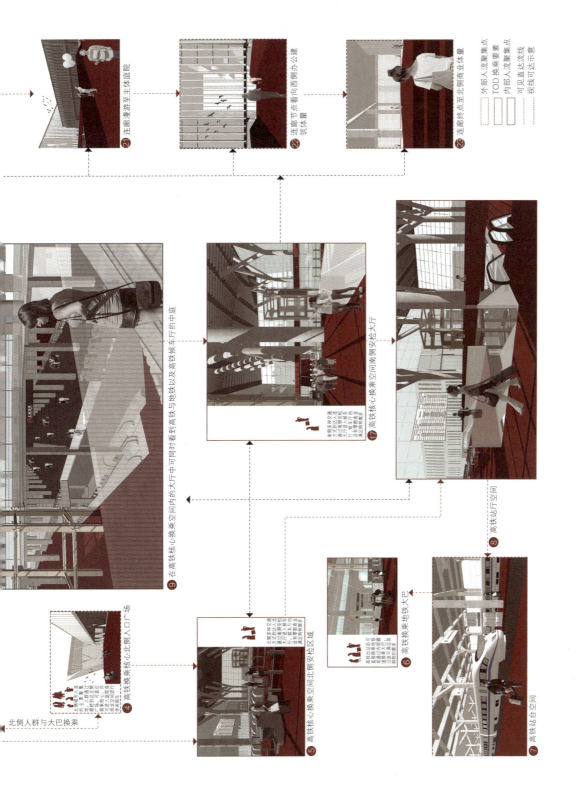

花　絮

指导老师

朱　渊　　东南大学建筑学院　副教授

叶如丹　　AICO 创始董事、设计总裁

杨　柳　　东南大学建筑学院　至善博士后

徐栋　　南京天华建筑设计有限公司　总建筑师

张　雷　　南京天华建筑设计有限公司　副总建筑师

参与编撰学生

王真逸　　张　磊　　陈华雯　　李洋　　何宇皓

丁瀚林　　宋越居　　王妍蒙　　朱晨涛　　刘浩然

主要排版：王真逸　丁瀚林

答辩评委

黄向明
天华集团董事、总建筑师

李 凌
空间站建筑师事务所合伙人

邢佳林
南京市规划与自然资源局
详细规划处处长

夏正伟
苏州大学建筑学院
建筑系主任

计昊天

杨健文

许珂

郭欣睿

余信润

丁瑜

刘宇飞

李泽瑞

2021 年上海调研

2021 年天华中期答辩

021 级终期答辩

2022年天华中期答辩

2022级天华终期答辩

后　记

本书为"轨道交通站点综合体空间模式创新研究"系列丛书的第三本。该系列每一本书均针对轨道交通站点站域空间发展的重要话题进行相关研究。继"核心空间""市郊站点"之后，本书选取"慢行空间"作为研究主题，一方面是为了形成系列研究的差异化聚焦，一方面试图在围绕人的不同尺度的空间感知与系统建构方面进行深度研究与推进。

感谢天华集团一直以来的大力支持。在东南大学与天华集团六年来的合作中，课题持续围绕轨道交通站点建设中的实践与研究之间共同关注的话题，尝试在校企之间的交流互动下，激发不同视角交互中的全新机会与潜力，并由此建立一种教学、研究与实践的互喻模式。天华团队选取在实践中遇到的实际问题与场地，为课程教学提供具体场景，进行拓展性选题与研究，在教学与研究中形成可以在不断反思和推进下，进行深度打磨与信息重塑的基础。

感谢两届选课的研究生对课题的兴趣与讨论，以及在本书的编辑出版过程中做出的贡献；感谢天华集团专设教学研究基金，保证课程的调研、答辩、出版过程的顺利开展；感谢天华集团总建筑师黄向明先生、副总建筑师叶如丹先生对课程建设与开展的支持，感谢空间站建筑师事务所工作室的李凌老师，每年不厌其烦地持续进行讲座介绍与答辩讲解，让同学们和老师们受益匪浅；感谢天华集团设计团队的张雷、徐栋等老师现场的耐心讲解与指导；感谢杨柳博士后的加盟，为轨道交通站点教学带来数字化分析的发展可能；感谢南京市规划与自然资源局的邢佳林处长在每次答辩中为我们带来实践与研究中的宝贵意见；感谢苏州大学建筑学院夏正伟教授在答辩中的精彩点评。感谢天华团队众多为教学付出心血的各位朋友！感谢支持与关心轨道交通站点设计与课程的师生与朋友！感谢东南大学出版社戴丽、魏晓平编辑以及相关人员的大力支持！

感谢国家自然科学基金（项目编号：52378009）的资助。

随着轨道交通站点建设的不断发展与成熟，众多学者结合不同专业背景，在此领域已取得丰硕成果，希望本书中的教学积累与研究的持续推进，可以在一定程度上引发TOD研究领域中部分话题的持续讨论，让这些推进中的想法可在未来的探索中逐渐明晰。

朱　渊

2023-02-24